图解 **精益制造** *050*

流的传承
嫡传于丰田 大野耐一

モノの流れをつくる人
大野耐一さんが伝えたかったトップ・管理者の役割

[日] 原田武彦　著
李朝森 李清松 李兆华 卢璟玲　译

人民东方出版传媒
People's Oriental Publishing & Media
东方出版社
The Oriental Press

终身学习　改善的典范

欣闻本书将在中国大陆发行，以飨广大中国精益同好，特书此序以为贺。

原田先生在日本丰田汽车公司担任管理者①，以及在海外分公司与零部件制造公司担任经营者②40年，他将个人的工作经验与反思总结在本书中。这本书页数虽然不多，但字字珠玑，充分体现了丰田的简单就是最好表现的精神。书中的各教诲可圈可点，不仅值得新加入企业的技术人员与管理层仔细研读，对多年从事精益生产与企业管理的老手们，也会有醍醐灌顶之效。

诚如书名，原田先生以传承丰田精神与方法为个人志业。工作期间，师从多位丰田前辈，勤奋学习丰田制造系统，打下了深厚基础。他曾亲身参与现场工作，观察一线作业员的职责

---

① 管理者：指的是办公室的经理、课长、副课长，现场的工长或领班（组长以上轮班的主管）。
② 经营者：指的是董事长、总经理、副总经理。

在于控制并完成当天的任务。班长在审核过程中如果发现不遵照标准作业者①，会追究其原因；如果因为作业本身有问题，就会变成标准作业的"破坏者"。最后由组长负责调查，并制订新的标准作业。这套权责分明的丰田班组长体制并不是一开始就很完善，是经过多年的修正与磨合，通过大家的持续改善得来的。

他在台湾国瑞汽车公司担任总经理期间，以经营者的身份带领团队创建"一台化配套供给系统"（SPS, Set Parts Supply System），大幅简化了生产线供料的复杂度，提升了现场生产效率，缩短了交付时间。其日后获得丰田日本总公司，乃至丰田全球其他工厂及供应商的认同而纷纷学习仿效，成为 TPS 持续进步的一个好范例。

他也曾大胆尝试，改变以"改善标准作业"为主轴的丰田供应商"自主研"方式，提出以"物的流动"来取代。他首先亲自带领同人在台湾国瑞汽车工厂内做试验，然后每个月到关键供应商的公司去指导他们以"后工程拉动"的方法，减少物料停滞，进而防止过量生产。物流系统性的改善，让生产现场短时间内就能看到变化，让改善活动变得有趣，进而启发员工持续地进行自主性改善。

原田先生还使用同样的方法去支援由台湾自行车制造商和众

---

① 作业者：是生产线作业者。但对在办公室办公的人员，没有部下者也适用。

多供应商组成的"A-team",并亲自指导。一方面培养国瑞的精益干部,另一方面借由这个练习强化这套方法的应用。台湾自行车行业经过1—2年的TPS学习与实践,在质量、安全、成本、交付期等诸方面都有长足进步,终于重振了台湾自行车王国的雄风。

个人根据多年管理经验,认识到"明确制订不同岗位职责"的重要性,关系该企业运营是否成功。因此特别高兴看到本书中,除了第一章用简单文字陈述了大野耐一先生的十五则教诲,也就是丰田理念的精髓外,原田先生还撰写了企业经营者、管理者以及派驻海外经营者等章节。每章就不同职务领导人的职责做了明确划分,这些将是企业日后制订领导人权责的最佳参考资料。

综观原田先生40余年来,从作为基层员工"坚守"大野耐一先生教诲,不断进行改善工作、促进物流,到后来进入管理层,在职位上以"物的流动"为主轴,进而开展"人的流动"与"信息流动"等"突破",使得部门更有效地发展,并强化丰田管理体系的实践。日后他晋升为经营者,主动地"离"开过去的丰田生产体系,创建精进的SPS供货系统,发扬光大TPS。他这种"守、破、离"的持续发展正是丰田管理体系不断壮大的最好写照,值得后进学习并传承。

精益企业中国总裁

赵克强博士

推荐序
所学丰田生产方式尽在书中

　　闻讯国瑞汽车前总经理原田先生的新书在中国大陆出版,不胜欢喜。

　　原田先生长期致力于研究丰田式的生产管理,经验丰富,见解独到。他曾派驻台湾,也曾协助完成台湾自行车产业的转型升级。巨大集团与自行车产业,作为原田先生所积累的经验中的一部分,我们深感荣幸。

　　我与原田先生的初次见面,是在2000年6月与自行车同行访问国瑞汽车时,当时大家认为自行车产业的接单生产的产业特性与输出导向,与国瑞汽车拥有自主品牌、强大的中心卫星工厂体制不同,丰田式的生产管理体系应该不适用于自行车产业。而且巨大也试着导入过丰田生产方式,但面对当时的产业环境,也无具体良策。对此疑惑,原田先生只淡淡地回了一句:"只要是买材料制造,卖给客户的行业,丰田生产方式通通适用。"

抱着姑且一试的心态，我们请国瑞的同人来试试。没想到原田先生对我们这毫无渊源的公司倾囊相授，每半年就来访问一次，进行了共计五次的现场指导。而国瑞汽车的历任总经理也承继着原田先生的好意，每月一次对巨大与美利达等自行车产业的支援，直到 2010 年台湾新的自行车产业根基稳固之后，才中止了这历时 10 年的支援活动。台湾自行车产业不但学会了在自己公司内的改善，还了解到必须有同时解决下游客户与上游供货商的全方位解决方案，才能让身处其中的相关业者共享其利。

我认为典型的自行车接单生产模式，已经印证了丰田生产方式的适用性。当初大家认为不可行的两大原因早已烟消云散，接单生产的交期不断缩短，曾嗤之以鼻的中心卫星工厂体制，以 A-team 的形式在台湾落地生根，成为许多行业的典范。

2012 年 5 月，我们到日本广岛县与爱媛县的岛波海道进行为期六天的自行车交流活动，原田先生与担当本书出版协调工作的成泽女士，分别从名古屋与东京赶到今治市为我们加油。据说那次聚会加速了原田先生新书的诞生，我能参与其中，让大家都能分享原田先生的经验与心得，感到非常高兴。

我能在日文版出版之际初窥其貌，中文版译稿完成之际又能先睹为快，10 多年来原田先生在巨大现场发生的点点滴滴历历在目。我深刻地认识到丰田式生产管理是当今最有效的生产管理体系。

中国的产业历经30年的发展，粗放式管理已不符合时代需求，丰田生产方式历经时代的淬炼，本身就是一个不断进化的系统，正符合变动环境的需求。我谨以巨大集团与 A-team 的改善历程为本书作见证，我们所学尽在书中，希望读者能身体力行、领会于心。

经营环境一夕数变，唯适者生存，希望有更多的同伴加入这无垠的丰田生产方式之旅。相信本书的出版能有助于丰田生产管理体系的推广、提升中国产业竞争力。

巨大集团

捷安特中国

创始人　刘金标

推荐序

"流动"是创造价值的最大法门

承蒙原田先生和李兆华老师的垂爱,受邀写本书序言,不甚惶恐。在忙碌后,焚香静坐西子湖畔,把自己对精益和本书的学习感受细细道来,如果能切中大野耐一先生的期待一二,将不甚荣幸。

2016年在台湾骑车环岛到达宜兰时,和原田先生相见。虽然在这之前,已翻看了很多遍本书繁体字版(中国台湾地区版本),但每次阅读,都会恍然大悟、拍手称绝。心里感慨说:原来是这样啊!但当前辈在赠书上简单地题下一句,据说是已失传的大野教诲"改善的本质是向最终工程靠近",我再次受教。那也是我印象特别深刻的第一章教诲2的故事,大家因为主生产线有瓶颈而开了一条旁线以解决问题。大野先生没有首肯,指出真正的瓶颈问题并未得到解决,这样做只是把问题转移了。我们平时却这样因转移矛盾而沾沾自喜,觉得自己真有办法。书中这样的当头棒喝不胜枚举。运用精益管理多年的同人一定有相似的感悟。

本书日文原书有一个副标题"经营、管理者应扮演的职责"。是原田先生想分享给大家的体会。精益套路如果有生命力，本质上要依靠人正确地应用。除了不断接近最终工程的改善目标，对于人来讲，精益是什么？我想是一直谦虚地学习，而经营管理者的职责即是在塑造一个能让学习系统运作的环境。

在《论语》中，有人问孔子：你学生中最好学的是谁啊，是子路吗？孔子答：不是，是颜回。因为颜回"不迁怒，不贰过"。只看己过，不迁怒于人。为不让任何错误犯第二次，就要让根本问题得到真正的改正。那如果领导和经营者的职责是让丰田生产方式获得成功，让每一个员工都成为不迁怒、不贰过、可以持续改善的颜回，需要怎样努力呢？"带来感动的技术、技能"，"培育能担大任的部下"，"建立能激发干劲、维持干劲的生产线"，原田先生给出了直接清晰的回答。这是以往其他书籍很少提及的。有愿才有力，鼓励、协助大家拥有向往美好、持续改进的愿力，而不是工具或技巧，才是精益领导者的要义。

书中很多话都让我思索良久。其中有一句，"标准作业是看板的起源"，一开始想不明白。其实标准作业是为了融合管理者的经验，更好地培育下属，而揭示在生产线的上方，是把管理的权力下放到一线，授权是信任，更是最大的激励。想把精益用好，本质是做人，而不是套路。做好领导者和管理者，需要谦虚与宽容。

最后回归书名中的"流的传承"。"流"是要义，任何东西流动起来，才会创造价值。过去一年多，有幸和李兆华老师共事，改善一家钢厂，老师用"煮面条"来简单地比喻轧螺纹钢。转炉是和面，连铸是切面，轧钢是煮面，而卖面的规则是客人点了面才能和面、煮面。深入浅出的启发，让各工序自己去思索、讨论如何做好客人要的"钢筋面"。半年后，这个五百万吨级的钢厂再也没有成品库存，因为客户下了订单，48小时后就可来提货，彻底改变了中国传统的用现金到仓库买现货的局面。如果不是亲眼所见，你无法相信一个大钢厂可以没有库存。也许有人说，钢铁是大宗原材料，何必如此大费周章地定制化。因为没有库存，整个系统就会更有切身感，鼓励各工序为满足顾客而持续改进，也会有加倍的干劲；产品更因品种齐全、交期稳定而得到客户的喜爱；另外为了保证供应，就不能停机，如果停了，问题会马上浮现而得到积极的处置。这是许多人向往的人、机、料、法、信息和谐运作的景象。

不仅是物的流动，人的流动和信息的流动也能创造价值。人因为可以自在地流动轮转，才会想继续学习、挑战舒适区、培养新技能。我因为最近开始了工业大数据方面的创业，对信息的流动深有感触。

我所从事的流程性制造业，是用机械设备去炼钢炼铝发电，自控化程度很高，机器产生的数据都在。但因为很多数据没有被充分利用起来，不少企业自己都不知道设备产出的数据储存在哪儿，没有接口把数据接出来，有些表计的维护情况也很糟糕，因为大家觉得那些数据没什么用，就没有动力去好好维护计量。而把数据挖掘出来，找出特征与相关性，搭建模型，预测未来的演化趋势，再传递到各工序，调度、指导进行排产，会减少很多非计划性的停机，并增加协同，极大地提高整体效率。这不正是在这个人工智能盛行时代新工业的"流的传承"吗？云计算与边缘计算是 AI 的驱动系统，CPS 是人工智能的流水线，数据则是人工智能的材料。一切正在颠覆性地发展，却又万变不离其宗，所以说"流动"是创造价值的最大法门。

太多感触，无法完全赘述。原田先生是大野耐一先生的学生，李兆华先生是原田先生的学生，而我是李兆华老师的弟子。原田先生曾说大野先生唯恐"千里之堤溃于一蚁之穴"而每天紧盯着现场。原田先生认为"不可将恩师授予自己的体会视为己物，甚至任其凋零"，所以写下本书。我辈只有身体力行，把此时读书所感所想记录下来，希望读者有所收获，奋起效法，也是一种"流的传承"，愿不辱前辈们的托付。

优也　创始人

傅源

推荐序

工具背后的能量、活力、精力与改善

一位智者曾经说过："如果你没有精神上的投入，塑造佛像是没有意义的。"

丰田很独特，因为在这个变幻莫测的世界里，它是第一个颠覆者。它作为 20 世纪 50 年代一家因融资无门濒临破产的日本汽车制造商，通过学习弹性制造，凭借在同一条生产线上生产多个新车型（而不是为每个车型建造一条专用生产线），一跃成为当地市场的主要竞争者。而其中最具颠覆性的思想被原田先生完美地提炼了出来："所谓改善，就是要更接近最后的工序（顾客）。"这句简洁的话说明了丰田与众不同的原因，把它应用到任何地方威力都无比巨大。

丰田汽车通过学习生产高品质、高性价比的标准配置的小排量汽车，颠覆了美国车占主导地位的日趋饱和的汽车市场。通过质量内建，而不是通过检验来保证汽车质量，它还学会了如何在快速增长的同时，保持较低的整体成本。

最近的一次是它用油电混合动力车成功颠覆了整个汽车行业——这项技术众所周知，但没有人有勇气坚持到底，使它能为客户所用。这项技术已经改变了我们所熟知的汽车业，并为更好地保护地球带来了新的动力。

今天，颠覆仍无处不在，科技公司改变了我们的日常生活，中国取代美国成为世界的领导者。丰田依然很特别，因为它的成功不是偶然，而是源于专门知识——它有一个方法，那就是丰田生产方式。

这种方式已经在许许多多的书籍、培训班和研讨会中被介绍、教授过——它已广为人知。但是，和其他方法一样，专门知识中最强大的秘诀往往不为人知。这种专门知识是丰田生产方式的精神，不是它的工具。

原田先生是丰田最有才华的工程师之一，他根据自己对恩师——传奇人物大野耐一的长期观察写了本书，用具体的例子和我们分享了大野耐一的初心和能量，帮助我们掌握改善精神的本质、看板的力量和自働①化的内涵，更重要的是，要尊重我

---

① 日文汉字"働""动"被翻译成中文时，均使用"动"。本书中保留使用日文汉字"働"。丰田生产方式中的"自働化"源于丰田佐吉发明的自动织机，这种织机在出现断线或缺线等情况时，会自动停止运转。换言之，它并非只会持续运转的"自动化"机器，而是能够避免制造出残次品的机器，就像拥有人的智慧一样，因此加上了人字旁，于是便有了"自働化"这个词，后来其逐渐发展为一种制造业的思维方式。——编者注

们的客户，尊重公司所有员工的才智和热情，尊重我们生活的社会和整个地球。

本书我已经读过好几遍，它对我的写作影响很大。我将来会继续研读。如果你有兴趣运用"精益"来获得成功，你就不能不读这本书。烤面包时，如果你不加入一些酵母，使面包发酵，那么添加更多的面粉也是没有意义的。在本书中，你会发现，丰田生产方式的精神就像面包中的酵母，它会让你对每一种精益工具有完全不同的看法，工具的目的是帮助人们研究他们所做的事情、努力思考，想出更好的方法，以更低的成本来满足客户。

本书将彻底改变你对工作场所管理者角色的看法，教你如何引导自己的精力去创造一个充满活力的改善环境和一家朝气蓬勃、有竞争力、颠覆性的企业。

ESG 咨询公司（Excellence Systems Group Consultants）

迈克·伯乐（Michael Ballé）

The energy, vitality, vigour, kaizen behind the tools

"There is no point building Buddha's image, if you don't put the spirit into it" a sensei once said.

Toyota is unique because in this world of disruption, it was the first disrupter. From a bankrupt Japanese automaker without access to capital in the 1950s, it first became the main contender in its local markets by learning the flexibility to have a wide line-up of frequent new models on the same production lines (as opposed to have a production line by model). The most disruptive idea from Toyota is perfectly captured by Mr. Harada: "kaizen equals getting closer to the final process (customer)." This simple phrase illuminates what makes Toyota so different, and is so powerful in its application anywhere.

Then it disrupted the dominant, saturated US market by learning to offer top quality small cars with standard options that were simply better value for money. By building quality into cars rather than inspecting it out, it also learned to maintain a lower total cost base as it grew incredibly fast.

Then it disrupted the entire auto industry with the success of its gas-electric hybrids, a technology that was known to all, but that no one had the grit to follow through to make it work for customers.This changed automobiles as we know them and ushered a new drive to better respect the planet.

Today, disruption is everywhere with tech companies changing our everyday lives and with China taking over America as the world's leader. Toyota remains special because it didn't succeed by accident, but from special knowledge: it has a method. This method is the Toyota Production System.

This method has been taught in many, many books and even more training classes and seminars, it is thought to be well known. But as with any method, the secret ingredient, the special knowledge that makes it so powerful is often missing. This special knowledge is the spirit of the Toyota Production System, not its tools.

Mr. Harada is one of the gifted Toyota engineers who build this method around the insights of his own teacher, the legendary Taiichi Ohno.In this book, Mr. Harada shares with us with concrete examples the intent and energy of the Taiichi Ohno, and makes us grasp the true nature of kaizen spirit, the power of Kanban, the depth of Jidoka and more importantly, the respect for the customer, the respect for the talent and passion of all the people who make the company and the respect for society and the entire planet we live on.

I have read this book several times and it has greatly influenced my own writing. I expect I will read it again in the future. If you are interested in using "lean" to succeed, you cannot afford not to read this book. When baking bread, there is no point in adding more flour if you don't put in some yeast that will make the bread rise. The yeast is the spirit, which you'll find in this book, that will make you see every lean tool completely differently as a way to make people study what they do, think hard about it and come up with better ways of satisfying customers at lower costs.

This book will completely change your mind about the role of management at the workplace and how to channel your energy to create a vibrant kaizen environment and a vigorous, competitive, disruptive business.

Excellence Systems Group Consultants

Michael Ballé

源远流长的清流

30多年来，国瑞汽车（日本丰田汽车在台湾的子公司）虽到任过9位总经理，但不变的是始终以丰田生产方式为经营中枢，持续传承与成长。

每3—5年就换一位总经理，且每位总经理都是50多岁的中年人，虽然现在我们已经习以为常了，但1999年年初第一次见到当时准备赴任的原田部长时，我们心里忐忑不安，想着："是个什么样的人物呢？真希望来的是个好人啊！"

翻译中我们得以先睹为快地了解前总经理原田先生，在作为经营者之前的30年间，从基层工程师做起，所做的扎实准备，以及担任国瑞总经理的思考方式、做法，虽然是短短的4年任期，却是国瑞与供货商及自行车A-team厂商改善幅度最大的时期，一幕幕的改善场景浮现在眼前。

首先是试行发展现已发展成丰田汽车标准方法的配套供给（Set Parts Supply）方式，它是当时为了改善质量、对应多车种混线生产、对应频繁的需求变动时的对策，但在实施之初，因为要增加捡料人员、物料的摆放空间等，所以有些人质疑 SPS 真好吗。如无原田先生的容忍与坚持，大概也发展不起来。因为过程中他对于现场人员各项想法的尊重，所以之后进一步发展出线内、线外各种因地制宜的 SPS，而且让这个复古的新方法更具普遍性，且在每次导入新车种时，都能思考出更适合的方式。

在 TPS 活动方面，以前的"自主研究会"一直是以标准作业的改善为主，原田先生上任后，进行了以"物的流动"为主轴的改善。这种以满足顾客需求为主轴的系统性改善，让"顾客第一"更为具体化，生产现场的活力与景色有了重大改变，也让改善活动变得更为有趣，进而能启发持续的自主性改善，对于国瑞与供货商都有很大的帮助。

有一次我请教原田先生："以前推进标准作业的改善，可以节省人员，现在总经理为什么推动'物的流动'改善，而不像以前强调标准作业的改善呢？"总经理回答："推动'物的流动'改善，防止了生产过度，作业者闲下来的结果，组、班长自然会去改善标准作业。"从本书中能够更深入体会这些想法背后的含义。

另外，除了国瑞的 TPS 指导，更有机会随着原田先生到供货商、自行车 A-team 厂商做 TPS 活动的确认与指导，总觉得他真厉害，可以不愠不火地根据不同厂商做不同的指导。而且能引导大家乐于改善，并获致很大的成果。从本书第二章"经营者的职责"，与第四章"派驻海外经营者的职责"中，可以了解到其想法与实践。

一遍一遍地咀嚼充满原田风格的手稿，我们感到责任的重大。与原田先生邂逅以来的十多年，我们也经过学习、实践与反省，实际参与了公司的经营管理活动，但与原田先生相比，我们仍有很多地方需要改善，然而我们并不会因此而惶恐，因为前辈们已经为我们备好了装备。虽然前途坎坷且变化多端，但我们有信心和有志于持续改善的同伴们一起，为创造美好的社会而努力。

受原田先生多年的启发，我们凭着对制造的热情共同翻译了此书，分享给大家，若有谬误，是我们的责任，敬请不吝指教。希望有志于以丰田生产方式作为公司经营基础的同好们加入我们的行列，为百家争鸣的"工业4.0"注入一股清流。

国瑞汽车公司

李朝森　李清松　李兆华　卢璟玲

中文版序言

首先对于中国东方出版社出版本书的简体字版，我感到非常高兴。因为我有许多与中国有关的丰田生产方式回忆。

我总会想起的是 20 世纪 70 年代后半期，当时我的上司，也就是孕育"丰田生产方式"的大野耐一先生（当时是丰田汽车的副社长），正为了准备他在中国讲演"丰田方式"的讲义，来到工厂，并指着正在加工零件的机械说："机械在运转时，作业员不在机械的前方，把这个状态拍下来，因为这个很重要。"他一边嘱咐说这个很重要、一定要牢记，一边指示着拍下"要分离人的工作和机械的工作"加工线的具体状态。我记得这是他卸任副社长前不久的事情。

此后，我有机会向来日本的中国工厂参访团的参观者介绍"后工程领取、补充方式""依工程顺序的设备布置""依车种别的设备布置"等"在流动中把产品制造出来的具体现场情况"。

另外，记忆比较深刻的还有在天津锻造工厂、变速器及控制缆索工厂进行规划、建设指导等经历。我沉浸在满满的回忆中，对本书中文版的出版，也有着深切的期待。

我在日本丰田汽车、中国台湾国瑞汽车、日本中央发条，为了确保出货质量及稳定交货，曾前往各供货商处，现地现物地指导了TPS，不过被指导的各个厂商都认为"丰田方式很难。为了想要理解而去读相关的书，但愈读愈觉得难理解"。

我于2010年从中央发条卸任社长后，开始执笔"能让人容易理解丰田生产方式"的本书，并于2013年出版了日文版。

当时并没有想到本书会在海外出版，因此是依照日本劳动惯例制定的制度为基调，以工厂管理者、生产技术人员为对象撰写的。总之，这对日本的制造业者而言是非常适合的，对日本以外的国家而言，因为法律、习俗、制度的差异，在实施上可能会有比较困难的地方。对于不同之处应该如何处理，或如何拉近差异，我想只能靠诸位读者发挥慧根了。

另外，本书所诉求的是在"制造现场"的"物的四种状态"（搬运、检查、停滞、加工）中最重要的部分，即"构建以产生附加值的加工为主的制造现场"。请以加工最大化来构建制造系统。例如①不是由加工作业者本人去领取材料，而是另外的人；②依工程顺序布置设备的目的是减少加工作业者的搬运距离。但实际上在现场，往往可以看到加工者做很多不应该由他做的工作，比如去取料（搬运），花很多时间进行修正、调整（检查），而影响加工效率的情况。

希望大家能看清改善的方向，构建出强大的现场，发挥良好的效果，让企业更加蓬勃发展。

最后，再次对为这次的出版做出贡献的中国东方出版社相关人员，由衷地致上感谢之意。

原田武彦

中国版「モノの流れをつくる人」 前書き

　　まず初めに中国東方出版社より簡体字版「モノの流れをつく
る人」の出版依頼を受け大変うれしく思いました。

　　私には TPS に関して中国の思い出がたくさんあるからです。

　　いつも最初に思い出すのは決まっており、1970 年代後半に
「トヨタ生産方式」生みの親で上司の大野耐一さん（当時トヨタ副
社長）が中国での「トヨタ方式」の講演準備で工場に来て部品加
工中で扉が閉まっている機械を指して「機械が仕事しているとき、
作業者は機械の前にはいない。この状態の写真を撮ってくれ。こ
れが大事なんだ」。

　　我々にも大事なことだから忘れるなよと言わんばかりに「人の
仕事と機械の仕事の分離」の具体的な加工ラインの状態を撮影指
示しました。副社長退任の少し前でした。

　　その後、多くなった中国からの工場視察団の皆さんには「後

工程引き取り・補充方式」「工程順レイアウト」「車種別レイアウト」など「流れでモノを作る具体的な現場」を案内しました。

　ほかにも思い出は天津の鍛造工場、トランスミッション・ケーブル工場の立ち上げなどです。

　思い出ぎっしりの中でこれから中国版「モノの流れを造る人」が出版されることに大きな期待を寄せています。

　この本を書くに至ったのはトヨタ時代、台湾国瑞汽車時代、中央発條時代それぞれのサプライヤーに出向き品質確保、安定納入確保のため現地現物でTPSを指導してきましたが、行く会社、行く会社で「トヨタ式は難しい。何とか理解しようと読めば読むほどますます理解が困難だ。」と言われてきました。

　2010年中央発條の社長退任後「わかり易いトヨタ式の本」の執筆に入り2013年に日本語版を出版しました。

　そのときはまさか海外での出版があるとは思ってもみなかったので日本の労働慣行にのっとった制度をベースに工場管理者、生産技術者対象に書きました。要するに日本の製造メーカーにはそのままフィットしますが日本以外ではその国の法律、慣習、制度の違いで実施するのは難しいところもあるかもしれません。違いをいかにしたら導入できるか、またはどこまで近づけば出来るかは読者の皆さんの力の発揮のしどころと思います。

またこの本で訴えたかったのは「モノづくり現場」での「モノの４つの状態」（運搬・検査・停滞・加工）で最も重要な「付加価値を生む加工を主にしたモノ造りの仕組みを作り上げていく」ことです。

仕組みを作るときは加工を最大限に生かしてください。（①例えば素形材を取りに行くのは加工従事者ではなく別の人にすることです。②工程順に設備を配置するのも加工従事者の運搬距離を減らすためです。）

運搬・検査・停滞の効率化と称して加工の負担を増やすことが往々にしてあるからです。

大きな効果が期待できるよう改善の方向性を見極め強靭な現場を作り益々発展されるよう祈念いたします。

最後になりましたがこの度の出版に際しご尽力いただいた中国東方出版社はじめ関係各位の皆様に心よりお礼を申し上げます。

前 言

　　大野耐一先生于第二次世界大战后，调任为丰田汽车工业总公司工厂机械部的课长，为了达成当时未曾想过的"提升生产力"目标，毅然决然在课内全体人员的反对声中，以"抑制制造过多的浪费、只制造必要的东西""以少人数来制造"为口号，挑战并实现了划时代的生产力提升。

　　为此，大野先生运用了具备人类机能的"自働化"机械，实现"人的工作与机械的工作分离"。自働化机械在有异常时会自动停止，不制造不良品，也不会将不良品送至后工程，因此在机械自动运转加工的同时，人可以做其他工作。此外，再通过"一个流的工程顺序布置"，在从材料到完成品的一贯生产线，展开"人的流动化"与"物的流动化"，达成大幅超越过去的生产方式，以少人数制造必要数量。

　　20世纪50年代后期，大野先生在构建"流动化生产线"的过程中，为了抑制制造过多的浪费，从美国超市得到启发，想出了"后工程领取"方式：后工程在需要的时候到前工程领取，只取所需量，这和东西一制造出来就送出去的传统搬运方式完全相反。

大野先生将"购物券"更名为"领取看板"，"生产被领取的物品的券"更名为"生产看板"，实现 Just in Time（及时生产）的"看板方式"由此而生。

之后，随着大野先生管理范围的扩大，流动化与后工程领取的范围也逐渐扩大。到了 1975 年，完成了铸锻材生产线与零件加工线、零件加工线与组件组装线、组件组装线做出的组件及外购零件与车辆的组装线等，由各自的后工程领取连接，完成了"领取看板"与"生产看板"的连锁。这项伟大事业前后花了约 30 年。

事实上，这是无以计数的同人在漫长岁月中，付出辛勤的劳动，在攸关公司存亡的艰苦环境中殚精竭虑、绞尽脑汁，耗费无数智慧与工夫才得到的结果。

之所以有此结果，虽不必赘言，但我认为这是源自大野先生抱着"对提高附加价值的员工所表达的感谢之意"，以坚强的意志、坚定不移的精神，持续发挥强大领导力，朝理想的状态前进，才得以达成。

正因为"丰田生产方式"是这样累积而成的，所以如果是从一知半解的知识或态度开始，很可能无法顺利展开，而以失败收场。失败的结果还会造成现场员工视管理者的话为耳边风，让制造现场逐渐荒芜，未来需要花费数倍的精力才能将之复原。

对我们这些接受过大野先生教诲的人来说，非常不愿意看到任何一个这样的现场出现。

即使是长久以来都在推动丰田生产方式的公司，虽然公司现场有所谓的制造体制，但因丰田生产方式的管理模式尚未落实到经营、管理者身上，一旦现场职务更迭，这种管理模式就有无法维持，沦为空有系统的不良范例，在我看来这实在令人惋惜。

改善就是要构建出有工作价值的职场。而"丰田生产方式的管理"最大的重点就是，在这样的职场中，将重要的营运落实到经营者、管理者、督导者①身上，因此希望各位阅读本书后能确切地实施。实施时，请务必营造出一个员工笑容不断、改善活动不断的现场。

我在丰田汽车公司、丰田中国台湾子公司国瑞汽车、日本中央发条公司，度过了四十余年的"丰田生产方式"人生。我将在这段人生中得到的秘诀写成这本书，希望有助于各位构建优良的现场、企业。

----

① 督导者：在现场是线外的基层领导者，在丰田是组长、班长。

第一章通过大野先生的十五则教诲，阐述其观念，并展开丰田生产方式。这些教诲有些是我亲自听到的大野先生的讲话，有些是听上司的转述，希望大家能借此理解经营者职责的重要性。

第二章明确描绘了要成功导入丰田生产方式，经营者应扮演何种角色。经营者扮演的职责的确非常重要，身为经营者的大野先生对此也非常了解，并且对每一次机会进行了实践。

同时，我也会从"物的四种状态"说明经营者观察现场时的着眼点。

第三章是管理者的职责，阐明制造现场管理层的职责。一般来说，督导者的职责已被明确决定并且运作，而在一般的公司教育中，管理者、督导者常被混为一谈，因此很难理解何谓管理者，其职责为何，与督导者的区别又是什么。

更重要的是，营造有活力的现场需要有"丰田生产方式的管理"。在丰田生产方式的"制造系统""管理道具"里，已蕴含了唤起干劲的观念，但似乎已逐渐少为人所用。我撰写这一章的用意，是期待管理者能学到好的管理方法，营造明朗且生气蓬勃的现场。

第四章是写给派驻海外的经营者，内容是他们在当地导入、展开"丰田生产方式"时的必要事项。日本的文化、习惯都与海外大不相同。虽然有些日本的成功经验可以通用，但也有难以通用的地方。不同国家之间也有很大的差异，因此请务必谨慎进行。

要成功导入丰田生产方式，经营者与管理者扮演着非常重要的角色。我不知道个人拙劣的文笔，能帮助各位对此理解到什么程度，但从第一章到第四章所提到的都是在阐明唯有经营者与管理者，才是塑造生气蓬勃、持续进行改善的职场的推动者。

目 录 _CONTENTS_

第一章——

大野耐一先生的教诲

物料根据销售的速度
在流动中
改变其形状

教诲 1　即使进行了说明，也没人能理解，只好在现场仔细指导

这一段话摘录自大野先生在一九八八年，丰田汽车总公司工厂营运五十周年的纪念文稿，前后文如下：

从昭和三十八年（一九六三年）左右开始，看板已经扩展到整个工厂了。当初并不是先有了宏大的构想而开始，我们也不知道未来会发展到什么地步。

提升生产力

抑制生产过多

然后由较少的人来生产

这些事情是无法计算清楚的。

即使进行了说明，也没人能理解，只好在现场仔细指导。

在昭和十九年（一九四四年）的主管名册上，初见大野先生的名字，担任丰田汽车制造部门的管理者，当时他是总组装课的课长。那时组装线一个月中有一星期以上的时间在收集零

件，实际生产的时间不到两个星期，经历了让人头痛不已的月末集中生产方式。大野先生于昭和二十年（一九四五年）调任机械工厂的主任，以此为契机，开始了今天为世界各地采用的丰田生产方式。

大野先生在其后十六年间的总公司工厂工作生涯中，虽然逐步构建出操作多台、多工程作业、目视管理、一个流、看板方式等各种丰田生产方式的基础要素，但这绝非一朝一夕所能完成的。就如大野先生本人的回顾所述，先在其权责范围内切实进行，随着权责的扩大，再将新的做法推行出去。

到了昭和三十八年（一九六三年），大野先生就任总公司工厂的厂长，终于在迄今无法掌握的粗形材部门的铸造部、锻造部导入了看板生产方式，从粗形材部门到机械部、总组装部，以连锁的看板连接整个工厂。从本节开头大野先生的文稿中，我们可以感受到当时大野先生"无论如何，一定要让它成功"的豪气。

粗形材部门的铸造部、锻造部，比机械工厂还要放任现场，现场的匠人气质也更浓。面对这样的粗形材部门，大野先生发挥了领导力，身先士卒地展开了排除浪费、提高附加价值、只制造良品的活动。

大野先生在构筑新系统时的做法有以下几点成功的秘诀：

1. 经营者身先士卒的领导力。

2. 决不妥协，不怕失败。发挥坚强意志与热情，在对方能彻底理解之前绝不松懈。

3. 长时间持续跟进。因为要实现稳定的维持、改善，需要很长的时间。

由此可见，应尽量避免经营者与领导者在短时间内更迭。丰田生产方式之所以能够有今天，最主要的原因是大野先生在制造部门一贯不变地进行了他的工作。

我行我思·················

本栏以"我行我思"为名，是我对大野先生教诲的体验或心得。

我于昭和四十年（一九六五年）被配属到丰田汽车的总公司工厂机械部。部长对我说了约一小时的新进员工须知之后，就告诉我"你的工作在上乡工厂，赶快去吧"。

一到上乡工厂才知道，为了建立新的生产线，总公司工厂机械部的技术员几乎都常驻在那里。第一代 Mark-2 的引擎工厂在大野厂长的领导下，自动生产线上物的流动方法、设备应有的状况、异常信息的发出方式等，都正处在紧锣密鼓的试行错误的阶段。

大野先生跟我说："新人站到可以看见行灯①的检查台上去看。"现在我还记得站在上面的感觉。技术员们的脸色非常紧张，一副拼命的样子。原来是大野先生要来了。

大野先生一来，把大家集合在可以清楚地看到行灯的地方，一一巡视亮灯的异常地方，听取检讨报告，并要求保全部门提出对策。当时 Mark-2 新车刚刚发布，引擎却无法按计划生产出来。

大野先生几乎每天都到现场来，并做出各种指示，也常常一发现生产线的连接方式有问题，就要求大家在周末通宵进行修改工作。

当然，大野先生也曾经在星期一一早复检改善状况，结果说"之前的方法比较好哟！"，周末又把它改了回来。

大野先生认为，当时新设自动生产线上物的流动方式，将会是未来的基本模式，所以对我们的工作非常关心。他一定会到现场来亲自确认，不满意的话，会一直改到满意为止。我们

---

① 行灯：Andon，安灯或安东。"行"的发音是"银行"的"行"，是源自唐朝的读音。原义为"行走时用的灯笼"，丰田将其引申为"传达线上信息的工具"，线外支援者一看到"行灯"亮，就立即"行"走过去处置。是具体实现丰田生产方式的两大支柱之一，"自働化"的工具之一。

也逐渐了解到，大野先生也是带着拼命思考的心情来到现场的。

至此我们才深刻体会到，所谓的"试行错误"就是这样啊！

我曾问过上司："这里就维持现状吧！下个车型再改变可以吗？"主管会回答："不好的东西如果放任不管，马上会被人错误地模仿，因此现在就要马上改变。"然后又加一句："看到异常不能当作没事而走过去，要知道每天在现场工作的人正遭遇困难与付出劳动，当然不可以放任不管。"

听到这样的说法，我为能在这么好的职场工作而高兴。

我认为大野先生的认真态度也影响了部下，因此才会有这样的回答。

虽然昭和三十八年（一九六三年）时，我尚未进入公司，但我可以想象铸造部、锻造部在导入大野方式的时候，一定也和我刚进公司时的情形一样，每天到现场，和管理者一起拼命想办法，逐渐构建起了新的生产系统。

改善就是要 "向最终工程靠近"

即使在丰田，也很少有人用这样的表现方式，我当时也是第一次听到，因此对这样的说法留下了深刻印象。这说法虽然很容易了解，但也可能有人无法充分了解其意义，因此下面仔细说明一下当时的状况。

这件事情发生在我三十岁左右，当时我担任总公司工厂机械部的技术员，场景是第三机械课的卡车底轴组装线。那时的差动零件生产线和主线连接、同步生产，而为了确保质量，耗费许多时间在最终调整上，因此延误了供给主线的时间，使主线常常因缺料停下来，成为主线安定生产的障碍。

为了让主线不受到此差动零件生产波动的影响，我们将此差动零件生产线移到隔壁的专门工厂，以完成品的形式供给主线。也就是将原属于主线的差动零件生产线与主线分离，在另外的专线上生产，再将成品供给主线。结果，主线的停线问题减少了。

当我们在现场向大野先生报告此项改善时，他回应说："虽然主线的停线减少了，但在差动零件生产在线的调整工时并未改变啊！改善就是要持续向最终工程靠近，目前的做法是让工程离最终工程愈来愈远了。"

这段话所传达的想法是，技术员本来的工作就是调查、调整作业异常的原因，找出能让现场顺利制造出良品的条件。但现在的做法却只是以生产技术不足为由，逃避本该面对的问题。

因为技术不足所以无法接近最终生产线。这句话提醒我们制造良品的条件是多么重要，也提醒了我们制造的本质。

一听到"这不是真正的改善"，就立刻感受到大野先生深入观察的敏锐度，虽然我们没有逃避的意思，却选择了最容易的方法，心里还认为这真是好方法而沾沾自喜，真是汗颜！

如果大野先生说："怎么这样做？立刻改回原来的做法！"我们也只能照办，但大野先生是用谆谆教诲的方式，让我们因犯错而抱歉、反省，并了解到必须尽快研究出制造良品的条件，让前工程的生产线尽量接近最终生产线。

大野先生认为，年轻人虽然会因不明究竟而犯错，但比起什么都不做，做了却失败反而更好。虽然结果一样是三振，但与其什么都不做被三振出局，还不如挥棒落空三次被三振出局。即使挥棒落空三次，也一定能有所收获。我们也从这挥棒落空三次的三振比喻中，了解到了改善的真正意义。

再深入想想，如果能减少工程间的库存，就能让前工程向最终工程靠近、减少库存的分量，而将前工程连接到后工程，则是最彻底的方法。大野先生这句话非常容易理解，听过一次就永远不会忘记。在之后的工作中，我都自我确认、向技术员确认改善的结果是否向最终生产线接近了。

我行我思 ················

名为改善，实际上却经常可见离最终工程愈来愈远的例子。例如：

1. 将修正不良的作业外包；
2. 将去除毛边的作业外包；
3. 将筛检良品的作业外包；
4. 将树脂零件的浇道切断作业外包。

这些虽然都是反面实例，但确实存在很多。

为什么这些作业不适合外包？有人认为外包的工资比较低，这样不是比较有利吗？但如果这些作业的工程是在公司内，大家一定会看到其中的问题，也会因此想到必须对其做些什么改善。

例如会想到，是否有不会产生毛边的锻造方法或没有浇道的成形方法，诸如此类的改善需求。

如果看不到工程，谁也不会想到要做什么改善，结果就是不断把困难的工作外包出去。乍看之下公司内一片祥和，殊不知在不知不觉中，公司的技术已逐渐落后，丧失了竞争力。

我曾遇到过让我大吃一惊的例子。在调查几项零件的供应链时，竟有从第一阶到第四阶的供货商，生产地点分散在日本中部、四国、九州岛的广泛区域中。至于全体有多少库存，我想一定不会少于半年的需求量。虽然这可能是在长期历史背景下产生的结果，但共同现象可能是各阶的供货商均不断寻求"是否有更便宜的外包供货商？"，结果把原本应该自己做的工作逐级外包出去。

企业若能减少供应链上的阶层数，向最终工程靠近，即使发生了什么异常，也能不慌不忙地承担所有的供给责任，进行危机管理，也因此可以成为累积技术、技能的优良企业。

大野先生教诲的"向最终工程靠近"，换言之是因为"向最终组装线靠近就对了"，所以随着大野先生职位的晋升、管理范围的扩大，大野方式的推行范围扩大的过程中，我们也认识了"向最终工程靠近"的历史。

在缩短生产前置时间方面，大野先生最重视的是"流动化"。他在机械工厂担任课长时的改善就是"暂时维持机种别配置，先做快速换模，减少生产批量"。

接着是"虽然一人操作两台机械提高了生产力，但生产批量却无法下降。于是将机种别配置改成工程顺配置，大幅降低了生产批量"。这样的做法还提高了生产力。为了抑制生产过多，更进一步开发出了"后工程到前工程领取、前工程补充生产"方式，也就是实现了 Just in Time 的看板方式。

接下来回顾一下大野先生的职务经历与改善的历史。

第三机械工厂的课长时代

更进一步扩大工程顺配置，变更成各零件的工程顺配置。后工程的组装线是以五台为单位生产，且后工程领取是以五台为单位，到各前工程去领取组件的零件，这项领取作业如同水蜘蛛在水面上左右快速移动，因而被称为"水蜘蛛领取"。

这种方式的优点为同车种的生产线，即使各零件的工程布置在不同地方，透过后工程的"水蜘蛛领取"，也能调整各前工程的生产进度。

各零件的最终工程，只要在下一回的领取之前，补充生产出最少五台，一个单位的完成品即可，因此可以减少完成品库存，让空间上分离的前工程，实质上更接近后工程。

组装厂长时代

组装线是五台批量生产，生产时以五台相同的车辆为单位，组装工厂用领取组件平板车，也就是五台组件的后工程领取，将后工程的组装线与前工程的机械工厂、车体工厂连接起来。

领取五台组件的平板车，平板车本身被视为一张看板，因此也被称为平板车看板。

总公司厂长时代

粗形材部门的锻造、铸造，与后工程的机械工厂之间，也使用看板，通过后工程领取来连接。

之后

零件的加工技能被运用到加工机械上后，因不需要加工的专业技能员，原来的"各零件工程顺配置"，更进一步扩大到将同一车种的加工与装配工程集合上，成为"各车种配置"。此后生产线逐步进化，"向最终工程靠近"的改善大抵全部完成。

各零件生产线上产生的零星的作业时间，也会因将同车种、相同节拍时间的各零件工程连接在一起而减少，组装作业的损失比起以前大幅减少，作业的设计也容易得多。

其他改善

此外发展出许多"向最终工程靠近"的方法，如吊桶方式（来料加工）、快速换模、配膳方式、高架输送线方式等。

容我赘言，大野先生是在自己的管理范围内实践改善，再扩张其改善范围，对管理范围以外则不采取行动。因为即使有大野先生般的优秀指导者与方法，超出其权责范围的话也很难实现。经营者达成经营职责的重要性，可见一斑。

教诲 3 不是现在要组装的车辆的零件，不放在生产线边

我们得到的教诲是，所谓必要零件，是现在生产线车辆所需要的零件，将它在需要的时机，一台一台供应到生产线边，其他零件则集中在一个地方。字面上的意义虽是"只将现在真正需要的零件，放在生产线边"，但其真正的目的是将生产线作业员，从选择零件的作业中解放出来，专心从事增加附加价值的组装、加工作业。这么做还有一个优点，那就是能让作业简单明了，同时容易确保质量。

另外，"其他零件则集中在一个地方"，其意义是一眼就能掌握库存的状况。根据每月的生产量，需要管理所发出去的看板数。如果不让库存分散在几个地方，而是"集中在一个地方"，一眼即可掌握库存量，也容易将库存降到最低的水平。

大野先生所构建的总公司总组装工厂，大型零件、种类选配零件等都没有放在生产线边的零件架中，而是从零件集中放置地，用高架输送机一台一台同步供给生产线，我们称之为"高架输送线"方式。

同样，机械工厂的引擎、变速箱、悬吊系统装配线，大多数主要零件也是一台一台配套装在笼型的料箱中，供应给生产线。这种方式类似于旅馆供应各客房餐点时的送餐方式，所以称为"配膳方式"。

过去车辆组装工厂也曾使用高架输送线方式，但从昭和五十年（一九七五年）起，将零件的选择作业与组装作业一体化，组合成一连串的作业，而逐渐撤除了高架输送线，逐步改成生产线边的零件料架。从此之后，组装线所需要的零件，在供货商交货之后，即被送进组装线两侧的料架中。负责组装的作业

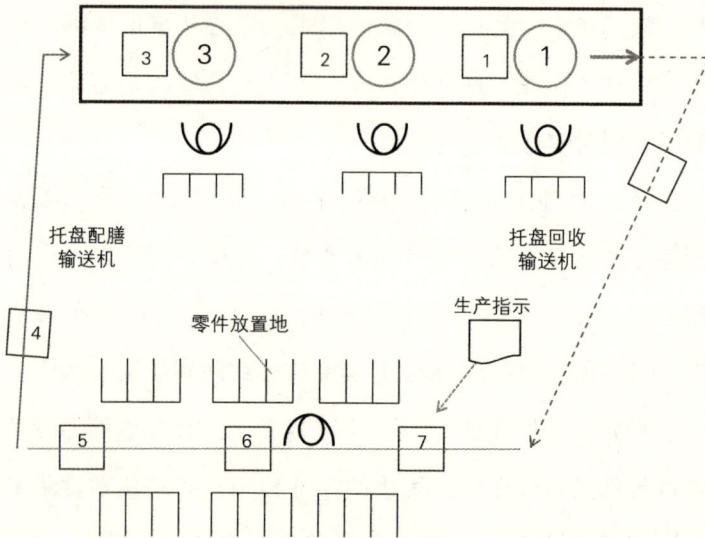

图1　变速箱装配线配膳方式

者则根据指示，直接从料架中选择所需的零件，再装上车辆，现在这已成为典型的方法了。

二〇〇〇年起，丰田在中国台湾的子公司国瑞汽车，为了改善新人的熟练速度与提升车辆的良品率，开发了引擎与卡罗拉车辆组装线的全部零件一台化配套供给方式，并获得了极大成果。其后，丰田总公司也据此配套供给方式进行进一步改善，完成了完成度高、可普遍运用的 SPS 系统（Set Parts Supply System）。大野先生通过配膳方式、高架输送线方式想要达成的目的，至此可以说是达成了。

大野先生的教诲

如果能将工作尽可能规划得容易了解、简单就可完成，也就不容易出错。如此一来，不必不断提醒"要遵守！要遵守！"，员工也能自然遵守。

同时，工作简单就能完成的话，减少库存的方法也能应运而生。

我行我思……………

配套供给方式使预期的库存管理变得容易、作业迅速熟练、质量提升、作业简单化。实行之后，又发现许多出乎预料的效果，以下分别加以说明：

1. 降低搬运工时

刚开始使用这个方法时，最大的问题在于，要将一台份的零件送到需要该零件的工程，这需要庞大的搬运工时。为了解决这个问题，制作了方便前后工程使用的标准尺寸配套箱，因此可以活用简易的自动化搬运，吸收掉使用传统搬运方法所需的大部分工时。

2. 缩短组装线的长度

使用配套供给方式后，撤除了原来在生产线边的料架，组装线的长度可以缩短约百分之三十。一般组装线都是让新车种持续加入、混流，因此组装线的寿命得以不断延续。即使投入最新的车种，如果组装线老态龙钟，生产力会难以再突破。配套供给方式让我们看到出路，可以配合各个新车种的投入，导入最新生产技术，构筑廉价的专用线。

3. 提升管理督导者、技术员解决问题的能力

作业员选择零件的作业，会发生的误品或欠品的问题，使

得管理督导者、技术员常须花费许多时间在这上面。当生产线作业员不必选择零件，管理督导者、技术员就可集中探讨增加价值的组装作业，或监督作业等加工时的问题，因此大幅减少了不良品。

4. 技术员可聚焦于设置新生产线

如果生产线的管理者、督导者的能力能提升，技术员即可从生产线的日常问题脱身，集中发挥能力在新生产线的设置上，因此也可期待技术员大幅提升其工作动机。

配套供给方式（SPS）的目的还包含看板管理，就是要让组装作业简单化。如果仅能供应一台的配套零件到作业员的手边，我认为这不是简单化，还未完全发挥配套供给方式应有的潜力。

几乎所有组装线都是以混流方式，来生产各种车种与车型。因此作业员在面对不同的车辆时，都得在大脑中有所思索，并聚精会神以防止出错，这是"过程质量控制"的实际状况。另外，因为车种多，车型不同，零件装配的位置也会有所不同。如果目的是简单化，我们应进一步挑战能够促进简单化实现的生产线。

1. 专用的装配线；

2. 能大幅降低生产线的成本；

3. 运用内制的最新生产技术生产线生产最新车辆。

今后，请把实现上述事项作为自己的梦想而努力。

批量形成会妨碍制造技术的进步

大野先生于一九七七年，在机械部做了最后的指导。对我们来说，这也是时间最长、最严格的指导。我记得他几乎每天都来现场，没有间断过，当时的指导渗透着大野先生的气魄，所说的内容也是前所未闻的。

指导现场是差速齿轮的齿轮切削加工生产线。一开始是大野先生看到生产线挂着等待生产的看板，当时的对话如下：

大野：为什么有连续三张同样的看板？

答：批量形成的关系，累积到三张看板的时候，就指示开始生产。

大野：为什么不根据看板投出的顺序生产？

答：齿轮切削工程的换线时间，需要一小时。

大野：这是从什么时候开始的？

答：很早以前就开始了。

大野：那么这样的做法已经维持很长一段时间了，这样好吗？今后请根据齿轮完成品被领取的顺序来指示生产。

这句话的意思是，齿轮完成品的领取是以一张看板为单位，当一张看板出现的时候，就花一小时来换线，生产看板指示的制品。

话虽如此，但快速换线不那么简单。他几乎每天都来现场确认，没有什么可以瞒过他。

总之，换线所需的时间，比齿轮切削的时间长很多，结果几乎所有零件都缺货。大野先生发现，后工程的领取零件者一看到想领取的零件还没完成，就将看板投入缺货邮筒（缺货时，会将看板投入其中），准备离开。于是他指示搬运者，缺货时不可将看板投入缺货邮筒，要呼叫前工程加工区的组长。

"仅是把缺货看板放在那里是不行的，请告诉组长。请将看板亲手交给组长。"

"请告诉组长缺货了，你等在这里，直到制品出来为止。空手回去，就失去了来领取的意义！"

这句话看起来平铺直叙，没什么特别的感觉，但当时的状况是每个人都噤若寒蝉。接着，工厂里的缺货邮筒一夜之间被全部撤掉。

之后我们仍不十分清楚，大野先生每天来工厂做什么，他没有下任何具体的指示，一来就只确认是否根据看板投出的顺序生产。

终于有人提出：难道是我们换线的时间花得太多，大野先生是要我们缩短齿轮切削加工机的换线时间吗？

当时大家都认为"那是没有办法的事情"。但如果不做，大野先生指示的事情永远都无法完成。于是我们招集了设计、生产技术等各个相关部门，讨论了来龙去脉，通宵研究是否有简单的换线方式。最后终于研究出了几个改善对策，实施之后，换线时间大幅缩短至十分钟以内。

昭和四十年（一九六五年）后期，总公司车体工厂的冲压机换模时间在十分钟之内就可完成，称之为"一位数换模"（Single Minute Exchange Die），很遗憾，这是花了六年时间才完成的，真是落后太多了。

像齿轮切削加工机这样换线时间长的设备，已经习惯使用批量形成的生产系统，让大家陷入"这已经很好了"的陷阱，结果忽略了要思考缩短换线时间这个根本问题，这是很可惜的事情。

我对这次事件的反省是，也许该工程的换线时间的确已经很难再缩短，但如果就此作罢，很多机会就不会再出现。

批量形成会妨碍制造技术的进步。
不可累积看板，根据投出的顺序来生产！

大野先生教导我们时的重要观念，让我们陷入了无以回应的窘境，让我们深刻感受到不能停止进步。

我行我思••••••••••••••

即使是现在，仍有许多工程是累积了一堆看板之后才开始生产！千万不能认为，只要导入了批量形成、模块的生产系统，就已经完成改善了。

批量形成：看板投出之后，堆积到按产品编号划分的批量形成箱中，当某产品编号上堆积的看板达到特定的发工点时，就发出生产的指示。

模块生产：根据种类或产品编号分类，让某特定期间投出的看板加以累积，再以最容易换线、换模的"顺序模块"，生产上述堆积的看板。

也许有许多管理者、督导者认为，这真是绝妙的好方法，但如果为此满足，你得留意这种方法某个时候会失去效果。让物料堆积起来、把看板堆积起来的话，很多事情就变得容易了，即使这样做没有发生问题，也绝对违背了改善的原意。

很遗憾的是，目前愈来愈多的人将看板堆积起来后，再开始生产。即使好不容易缩短了换线时间，却不减少等待生产的看板数，仍是以大批量来生产，缩短换线时间的效果，只反映在了减少换线工时上。我虽然理解大家要在严苛的竞争中胜出，但仍希望大家不要陷入"局部最适化"的陷阱，而着眼于减少停滞，构筑会流动、整体最适化的流动系统。

如果默许了累积起来再制造的做法，同人只会思考眼前最容易的方法。总之，要努力直到能根据看板投出的顺序，一张一张地制造为止。

大野先生曾指导过，看板收容数的最小单位是五个。我们绝不能忘记，要努力构筑流动系统，直到改善生产指示看板的收容数为五个为止。

所谓制造技术，就是克服流动化制约条件的战争，大野先生教我们，对此"绝对不能放弃"。

十人中的九人或是十人中的一人

生产量增加的时候，只要没有意外，十位管理者中，有九人都可提升生产力。但在减产的时候，可以说没有管理者能提升生产力，在那样的环境下，连维持生产力都很难。在减产的时候，十位管理者中是否有一人能提升生产力？大野先生常说："几乎是没有啦！"

几乎所有管理者一遇到减产，都会被难题困扰。如果因应减产而配置人员，虽然生产线连接着，但作业组合的破绽随处可见，同时会发生等待的现象，结果造成加班，根本无法维持生产力。

这是因为生产线原来的布置就不妥当，虽然生产量多的时候问题也一样存在，但因影响不大，所以仍能对应增产所导致的结果。一旦遇到大减产，则会到处都是作业组合的破绽，到处都是等待的状况。

大野先生会利用这个减产的机会，积极展开"构建即使减产也能维持生产力的生产线"="构建少人化生产线"。

当初作为示范线的是丰田第一条按车种区分的配置，条件比较符合"少人化生产线"的加工、装配一贯化生产线，生产用于小型卡车的 R 型变速箱。

我们要将各工程的等待时间，集中到生产线的一端，这样需要消除旁支的工程，成为一条生产线的布置，我们称这样的狭长生产线是"一笔字的生产线"。至于无法作业组合的地方，就修改设备的规格，例如变更机械一次的加工数量，或是追加工件的自动安装、取出结构等。

我们将生产线改善成作业者向左回转的原则，一个人可依工程顺序完成所有工程。当完成全工程一周之后，就有了一台份的各种零件。也就是说，这样的生产线只能生产后工程装配组件时所需的零件数。

技术员为了确认应该改善的地方，实际参与作业，更进一步提高了生产线的完成度。因此，任何工程都可以根据生产量的增减，而增加或减少作业者人数，即使在减少生产量的时候也可维持生产力。终于，完成了第一条"少人化生产线"。

车的生产量经常会增减，先以"少人化生产线"来维持生产力，接着改善集中于一处、未满一个人工的零星工时，依照作业改善或减少设备故障等优先级进行改善，很快就能取得成果。

我曾多次提醒，因为"少人化生产线"可以将未满一个人工的零星工时，集中于一个工程，当整个加工零件的生产线中某个地方有降低工时的改善，累积起来的零星工时等于一人份工时时，就可省下一个人。

　　如果生产线有旁支，则各旁支就会各自累积零星工时，结果好不容易降低工时的改善，却无法活用到节省人工。因此，首先要将前述的改善从旁支整合到主线，让零星工时能够集中到一个地方。由各点一起进行小改善，抵消这零星工时以节省一个人工的"省人化"，是比较简单的。

　　减产时的改善效果，在增产时会有大幅的回馈，因此"要认识到减产时正是改善的好机会，努力把平日没有办法做的事情也一并完成"。正是这个时候可以看出不同管理者之间的能力高低。

　　减产时设备故障并不会增加。而因为相对于总产量，人员或设备故障的比例增加了，生产力必然降低。

　　但是部门如果在平日增产可以提升生产力的时候，也努力进行"少人化生产线"的"瘦身"，以便在减产时能够以相应的人员来生产、减少设备故障、减少工具类的使用等，持续不断改善，这样在减产时就能拥有非常强大的体质。

　　减产时就可以看出，谁是真正在做事的管理者。减产时努力程度的差异，在对应增产时，生产力反弹的力道也将全然不同。减产时的努力，杠杆效果非常大！

想要培育"十人中一人"的优秀管理者，就要从减少"物的停滞""人的停滞"着手。

我**行**我**思**·················

之前提到过，大幅减产的时候，最适合用来完成平日想做却没办法做的事情。这的确是千载难逢的好机会。有些经营者没有留意到此机会，而让它悄悄溜走，有些则能活用此机会并加以行动，两者会在经营上呈现出很大的不同。

话说回来，所有经营者应该都会采取行动，但许多行动却在不知不觉中种下了未来的祸根。例如让多余人力休假，或是尽可能集中制造完成后就让人员休假。

但要如何活用呢？反正减产时没有什么紧急的事才对。如果将多余人力集中起来，可以调查资金的动向如何、还有多少资金的账单未处理、有哪些外包的工作。

有些事放着不做也许没有关系，非做不可的事自然会有人来催促。从非做不可的事情开始调查，考虑有没有其他方法，原来外包的工作，能不能活用多余人力自己来做。做了之后，再检讨费用与原来外包的金额是否一致，对有长久历史的公司来说，这样的改变一定会带来很大效果。如果这么做，多余人力将不再是"多余"人员，而会成为能增加价值的"成果"人员。

另外，虽说这些"成果"（多余）人员之后会回到生产线，但因为有制作工具、装置的经验，所以可以利用他们自己在现场的空余时间，自行制作所需要使用的简单装置，而加速现场的改善速度。

"因祸得福""因祸得人才"

停止使用工厂内不需要或不急的账单，确认将哪些工作外包出去了。在大减产期间，先以多余人力来做以上的事情，借此更能了解外包工作的内容，也能了解估价单的正确性，然后活用在下一次的外包业务上。

为了培育出"十人中的一人"的管理者，平常不能只做改善的累积，重要的是还要能思考将来的风险、准备所需的方案，并着手整备可回应将来风险的示范生产线。虽然说有了经验，才能根据内、外部的环境变化想对策，但我们应培育即使没有经验，也能预测环境变化，思考届时要做些什么的管理者。

例如，目前也有很多公司在工资低廉的国家生产，然后运回日本销售。这些公司现在就应该思考工资高涨的问题，准备好下一步应怎么办，在公司内设置下一代的示范生产线，内部制造所需要的设备。如果只是想着"届时我们到工资更便宜的地方去就好了"，将永远无法培育出优秀的技术员。毋庸置疑，公司如果能让技术员思考即使在工资高的地方也可行的方法，并进一步制作设备与构建生产线，一定会持续成长。

班长是破坏标准的人

大野先生在昭和二十年（一九四五年）担任机械部的主管，开始改善的时候，在担任督导者角色的组长下面，并没有线外人员或是班长，都是直接生产的技能员①。

当时的组长，负责结算组员论件计酬的工资，有权力，现场个性强，被称为"老板"。即使是大野先生，也无法简单地对其下达作业指示。

于是大野先生从各生产线挑选出，能思考，有执行力、潜力的技能员，直接对其指示降低工时、浪费的对策，从而展开了改善。当有了改善的效果，可以用比当时更少的人员生产的时候，"就将迄今直接指导，最优秀的技能员抽出线外"。因此我可以感受到大野先生规划未来、培育人才、启发员工动机、持续改善等卓越的领导才能。

"线外人员"的说法就此产生。接着大野先生活用了线外人

———————

① 在丰田，在制造现场担任直接作业的人称为"技能员"，他们并非单纯的"作业者"，而是拥有技能的人。

员持续进行改善，随着改善对象工程的增加，担任改善的人员也随着增加。之后大野先生又从其中任命了"班长"，这些班长被称为"大野班长"，但在当时昭和二十五、二十六年（一九五〇、一九五一年），公司的人事制度上并没有班长的职位，直到昭和二十九年（一九五四年），班长才被正式制度化。

从此，"线外者、班长是'改善的人'"，技能员与班长的职责开始明确区分出来。组长的责任是制作标准作业，并教导作业者、示范给作业者看，再让他们试着做、依此作业，让他们遵行标准作业。班长则遵行组长所督导的事项，努力进一步思考好的方法，以便提案、被采用。我们称班长为"破坏（改定）标准的人"。

于是，组长是制作标准的人，班长是"破坏（改定）标准的人"。

在丰田，标准是用来被改定的。维持（组长）与改善（班长）是最佳搭档。

我行我思··················

大野先生创造出来的"线外者""班长"，并非就此结束了。之后又招集了对制作装置、设备有特殊专长的人，让专业的保全班组织化，构建了接受现场"改善期望"的组织。他们原来就是在生产线工作，因此可以很快根据现场需求，制作出作业性良好的简易自动化装置、快速换模装置、可并行作业的设备等无以计数的装置，对大野先生推动"丰田生产方式"的流动化发展，具有极大的贡献。

改善如果能省人化（改善之后将人抽出，降低生产线的人数），有人会以省了一人为满足。但如果能活用抽出的这一人进行改善作业，将产生增幅效果。再抽出二人、三人、四人、五人……将最优秀的人抽出生产线，效果会愈来愈明显。

规划新生产线的时候，一开始当然是活用这些线外人员，编成组长、班长、技能员的新组织，以展开生产准备作业，从制作装置开始，到料架、零件放置地、护罩的制作等。之后主要人物大多会留下来，进行后续的生产作业。

我到机械部的时候，有大约三十名线外改善人员，苦思着进行简易自働化、困难作业的机械化、吃力作业的机械化，而制作出无数设备。制作这些设备所需要的零件设计图，当然必须画出来，而组装图则在这些人的脑筋里面。总之，他们可以很快制作出现场合用的装置。我想现在各位周边的设备或装置中，有许多也是以这样的方法制作出来的吧。

此外，他们在生产繁忙期，可以被调入生产线参与生产，因此他们不会忘记作业性良好的设备或生产线的状况，并反映在接下来的设备制作中。体验了吃力或不容易做的作业之后，再回到改善的原部门，就可将其作为改善的题目，构筑更容易作业的生产线，其结果将连接到改定标准。支援其他部门时，也不忘自己原来的职责，带着锐利的改善眼光进行工作，这样会进一步促进流动化。

多能工化是要让他也学会下一工程的工作，让物料向最终工程流动

有一次，大野先生一来现场，就先看作业者的循环作业，然后指导工件要交接到后工程的作业者手上，也就是前后工程的作业者，要在交接区用手交接。

大野先生当时看到的状况是，生产线作业者在一个作业周期结束时来到交接区，却因后工程的作业者没有来，无法交接，于是将工件放下，继续下一个循环的工作。"人都在交接区了，后工程的作业者却没有来，既然下一工程已经作业落后了，为什么仍把工件放下离开了？这完全没有达到多能工化的目的。"于是他指导说："多能工化是让他也学会下一工程的工作，以免物料停止流动。另外，也要学会作业落后者的工作，让工作能够继续进行。"

当时我们被教导的是，交接区的作业方法要如田径赛中的接力赛一般，能够不降低速度地交接工件，这个措施是要吸收通常作业中的差异。此时大野先生的指导是，即使作业中发生异常，为能向最终工程靠近，就必须让作业尽可能继续下去，

如果中途折返，物料就停滞在那里了。大野先生要求我们构建不会堆积物料的流动系统，让我们彻底理解流动化的重要性。

我行我思·················

通常我们被指导要用手传递工件，以类似径赛交接棒区的方法，吸收掉相互作业中的时间差异，以保持物料的流动。

而当时的指导是，后工程的作业者如果遇到异常而没有到接棒区，要一直做到必须停下来的地方为止，也就是做到不能做的地方为止，再回到自己开始作业的地方等待。这个方法实际上很难实行。

所谓多能工化是教导作业者，学会在生产线沿着作业的动线，按照加工顺序的逐个工程作业，不让物料停止流动。

工件之所以要用手传递，目的是要清楚呈现各作业者的速度差异，进一步由交接区来吸收这个差异。如果由输送带来搬运物料，或在作业者与作业者之间设置暂置区并放置很多物料，就无法明确知道作业速度的变异。这即是设置交接区的目的。

这种方法的"加工"主要由设备来实施，作业者的工作则是"搬运物料""将物料安装在设备上""将物料从设备中取出""目视检查"等加工以外的作业，这是设备加工线的做法。

另一方面，如装配或组装等由作业者加工的生产线，因为担心会发生误品、缺货或是遗漏工程，所以不用这种方法。如果发生了延误，就由特定的线外人员来支援。如果这么做仍然解决不了，就让生产线自动停止。

接着要谈谈促进多能工化的工程顺序配置。据说当初通过维持各机种配置并操作多台，提升了生产力，但无法减少工程间的半成品数量。

于是，以加工顺序排列机械，做成工程顺序配置之后，大幅减少了机械间的半成品。当作业顺着工程方向进行时，标准手持量是零；当作业逆着工程方向进行时，只要一个标准手持量。这和以往的制造方式比较，有了突破性的变化。

同时，机械附加了自动运作、自动停止机能。以往需要人来操作与停止的作业，在加工结束前，都可由机械自动作业。结果，作业者从机械的操作与监测作业中解放出来，作业顺序得以单纯化，可操控的机械数目也因此大幅增加。

其后，各车种的生产台数也增加了，于是发展出由同车种的零件与装配线构成的按车种划分的配置，因此进一步降低了半成品的数量。

管理督导者、作业者的多能工化，也在此过程中发生了重大变化。在此之前，作业者只要可以进行一台机械的操作、一种零件的加工即可，但随着多能工化的发展，作业者学会了一个接一个的工程操作，而能加工并了解一个车种的所有零件，所以当其获得晋升，并不会有能力不足的问题，还能以督导者的角色发挥其领导力。

需要特殊技能的工程，因上述发展而减少，逐渐迈向任谁都能胜任的生产。这对扩大雇用也有所贡献。

我认为除了及时化生产（Just in Time）之外，多能工化与按车种划分的配置也在"配套的制造系统"历史中，具有举足轻重的地位。

我参观各式各样的公司时，注意到了多能工管理板。在熟练的工程上盖上红印记号，可以一目了然地知道各个技能员会进行什么作业，但最重要的目的是流动化。如果同时可以揭示因某些制约条件而无法流动的地方，并予以改善，那么这多能工管理板将创造出更大的成果。至此，我不厌其烦地说明了，多能工的目的在于促进流动化，希望各位能够理解，并进一步活用多能工管理板。

那图右上方的红圈是什么?

大野先生每月召开一次全公司生产部门会议。

昭和四十年（一九六五年）下半年的某次会议上，该月某部门的简报数据中，以红色圆圈标明了半年度生产力提升目标（图2）。大野先生与该部长对该红色圆圈的意义，有如下的对话:

大野：那图上的红色圆圈是什么?

部长：是本年度生产力提升的目标。

大野：做得到吗?

部长：我将努力达成。

大野：是否预估可以达成?

部长：会努力想办法来达成。

大野：真的能提前四个月知道吗?

部长：累积每个月的改善项目，努力去达成。

大野：改善不是以每个月为单位来做的，而是要每一天、

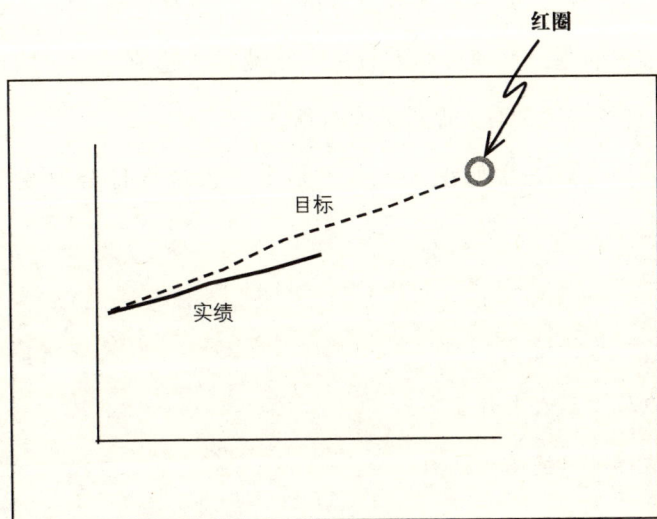

图2　右上方的红圈

每一天，去修正有异常、缺陷的地方，或者减少流动化的制约条件。改善是为了看到其努力的结果，而不是为了达成目标。如果能将每月的改善项目列举出来，就要赶快实施已经知道的改善。

大野先生教导我们，达成目标虽然很重要，但不要光记得目标值，而忘了达成目标的过程。我认为他想说的是，别被目标值所限制。

并不是说不管做什么，只要提升了生产力就好了，如果只是跟着数字走，极可能落入这样的倾向。这样的提案方式也等于是推迟问题，管理者如果只是一味喊着"达成目标、达成目标"，现场一定会有人循着数字行动。

诚如大野先生所说，生产力是为了表现每日努力改善的结果：

抑制生产过多

以较少的人来作业

这样可以提高生产力

总之，生产力提升只是结果，未达成目标的部门的管理者必须深入了解状况，与督导者一起改善（修正异常、缺陷，解除流动化的制约条件），不是只以数字来管理，而要掌握实态，努力追求更好的状态。

切记，管理者的工作在现场。无法达成目标时，请管理者亲自深入现场进行改善。只要能修正作业者每天作业中困扰的地方，然后促进流动，好的结果自然会随之而来。大野先生因为看出了目标管理让管理者远离现地现物、陷入只管数字的倾向，进行的指摘真是严厉啊！

我行我思·················

大野先生达成生产力目标的理念是，确信"利益是流动化的红利"。只要追求物的流动，一定会产生利益。

我想，达成生产力目标并非在办公室，由远离现场的技术员或管理者，在脑中花时间思考"如果将那个设备改善得更好一点，可减低每天一小时、一个月二十小时的工时"或者"如果将那个地方自动化，可以减少一个人"，而是在现场，请教作业者非常希望改善或需要彻底改善的地方。

只要观察现场就可以发现，在这里、那里，到处都是物料的停滞。消除这些停滞，必能促进技能、技术的进步，以及生产力的提升，企业的竞争力也能确实提高。

我认为，欧美式的先赚再说、只在乎结果、追求短期利益，一定会影响制造体质。如果以赚钱为目标，工厂就会想出各种手段，例如将修正不良品的作业外包给工资较低的地方，除此之外还有许多方法。虽然可以得到一时降低成本的效果，但因为将修正作业外包，修正的技能也将随之而去。

可能无法一直持续赚钱，技能、技术也可能跟不上来，但改善却是可以永远持续下去的事情。在我们公司，"丰田生产方式"是制造的中心支柱，支撑着工厂全体员工的制造热情。靠着"流动化的改善"与"对制造过多的管理",提升技术、技能与坚持的心态,一定能逐渐达成目标。

"利益是流动化的红利。"我想大野先生的"丰田生产方式"中,也与日本传统商人的心态"利益是买卖的红利"相通。此时相当于客户的不正是实际增加价值、实施作业的作业者吗?

代表性的大野语录有如下的日本短歌,大野先生的亲笔题字也流传在日本国内与海外。

若知应改善得更好,

必当坚持于完成的改善魂 (丰田魂)

根据大野先生历年的言论,我推测这句话的意思如下:"生产线上唯一产生附加价值的人就是作业者,每次让他们做无法增加附加价值的作业,不觉得很抱歉吗?要尽早将作业者从没有意义的工作中解放出来,解决让作业者困扰的事情,进一步提高附加价值。这就是丰田的生存方式。"

教诲 9 是你这个课长让他做的？还是作业者自作主张？到底是谁？

与作业者等基层的制造相关人员相比，大野先生对现场管理者，特别是课长更为严格。

例如，大野先生如果在手工作业生产线，看到应该只有一个标准手持量的地方放了两个库存，就会把课长叫来问道："为什么这里有两个，是你这个课长让他做的？还是作业者自作主张？到底是谁？"看着大野先生与课长，我也被吓出一身冷汗。

课长不论回答什么都不对，所以没有回答。但课长愈是沉默不语，愈会听到"到底是谁？到底是谁？"，同样的问题一直回荡着。

大野先生之所以这么严厉追究，自有他的道理。为了任谁作业，都能安全地制造出良品，所以将标准作业（节拍时间、作业顺序、标准手持量）明确揭示在生产线上。只要一看这揭示出来的标准作业，就能确认作业者是否遵守了标准作业。既然已经特地将标准作业挂了出来，如果不遵守，不就有如画饼充饥，没有任何意义吗？

督导者的职责是制订标准，直到作业者学会为止，然后确认他是否遵守，没有遵守的话要加以指导、纠正。同样地，管理者也关注生产线上揭示的标准作业，确认作业者是否遵守标准作业票，没有遵守时要纠正他。

如果在规定标准手持量是一个的地方，有东西多出来，表示管理督导者没有尽到职责。如果放任不管，等于告诉整个生产线，别的事情不遵守也没关系，于是造成整个工作环境无法遵守标准作业。大野先生就是这样，针对现场是否遵守标准作业这一点，特别严格地指导管理督导者要发挥领导力，安全、廉价、迅速地制造出良品。

我行我思·················

现场如果无法维持应该自己制订、管理的标准作业，大野先生会感到非常愤怒，经常严厉地批评担任现场主管的课长，"我多次看到这样的场景"。即使是在生产部门会议中巡视现场的时候，也发生过大野先生看到旁边生产线的作业很奇怪，马上不理会正在进行的生产部门简报，径自走过去纠正的情形。

如果能遵守标准作业，依照标准作业，就能减少人员或降低完成品的库存。总之，标准作业是改善的基本，光是把标准作业揭示出来，却被大野先生看到与标准作业不一样，是绝对不可以的。光看现场就可知道课长所采取的态度与行动，现地现物实际上是评估课长工作的指标。

大野先生重视标准作业，还有另外一个理由。在标准作业中，会根据每日的生产必要数，决定制造一个对象所需要的节拍时间。各车种、车型有不同的节拍时间，它是促成平准化生产的重要数值。遵守标准作业，是全工厂能稳定生产的基础。

行灯的标准作业是一亮灯就过去

大野先生在一次集合了工厂管理者与技术员的场合，以标题中这句话来回答"线外者的标准作业应该如何明示？"。

依工程顺序排列生产线的标准作业，是周期性的，因此在标准作业票上明示一个周期的作业即可。至于负责处置自动加工线与组装线异常的线外者，大家都认为其标准作业非常难以决定。线外者的主要工作之一是根据行灯的亮灯，到指示的地方解除异常、实施对策。

对于不知道什么时候、在哪里发生的非定期作业，要如何写成标准作业？答案其实非常简单。

"行灯一亮，就马上过去，解除异常。"

顺便一提，大野先生对保全业务也说过同样的话："现场一呼叫的话，请马上过去。"对搬运也说过："到呼叫灯的明示板前，请根据亮灯的顺序搬运"，"没有亮灯的话，就在那里等待"。

也许你会觉得，被呼叫前的等待是浪费，所以想在这个时候，勉强加入一些定期作业。对此，大野先生教我们的是"别把事情复杂化"。

"一亮灯就过去"，在使用看板时也一样，"一有看板投出，就到前工程去领取"，"一有看板投出就生产"。有一个地方亮灯就过去，有一张看板投出就去领取，都是大野先生非常重视的"定量"想法。

我行我思······

"无法写出来的非定期作业，就不必太坚持把它写出来。即使写出来，也不一定会照着做吧！那么把这样的事情写下来，也没有什么意义，只是浪费时间而已。别把现场要使用的工具，弄得难以使用。"

要简单明了，所以请思考如何让呼叫的次数逐渐减少，这样才会让物料流动得更好。

线外的人原本是从"做改善的人"开始的，如果在没有呼叫的时候，为了活用其时间而插入定期作业，当有呼叫时，当然无法立即回应。因此让等待中的线外者实施定期作业，可以说是没有道理的，结果只会让呼叫更频繁地出现。当线外者已经有一人份的工作，没有等待时间的时候，如果出现频繁的呼叫，只会更让呼叫者长时间等待。结果本来要改善流动的人，却成为阻碍流动的人了。这样又何必要设置行灯？行灯的意义因此而尽失了。

行灯没有亮的时候，线外人员的工作，是要对以前亮灯的真正原因采取对策，防止因为同样的情况再度被呼叫。

接下来要讨论，前辈们在制作出行灯的时候，是如何思考的。据说最早的行灯，是设在总公司工厂机械部的引擎装配线。之后随着行灯设置数量的增加，将颜色与机能标准化。

如果作业延迟时按下呼叫开关，亮黄灯。如果异常状况在该作业区间隔内无法排除，当工件到达作业区间隔的终点时，生产线会自动停止，行灯则转为红灯（这样的机制称为定位置停止）。另外，当遇紧急状况而必须把生产线停止时，按下紧急停止开关，生产线就会当场停止，并亮起红灯。

自动加工线也是一样，设置行灯，是因为这是无人生产线，为了传达自动停止的讯息，将生产线分成几个区间，一定的时间间隔内没有物料通过的话，就会亮起黄灯。也许你会认为"异常不是应该亮红灯吗？"，但因为视这种情况为由机械发出的呼叫，所以用黄灯。

其后，虽然一样是停止，为了区分异常信息（设备的故障）

与正常信息（如须更换刀具、质量检查），而将正常信息改用白色灯号。

灯号的意义规定如下：

○**红灯：**

使用红色，是为了让人联想到紧急情况时，可以一眼就找得到红色的灭火器、消防栓等，应极力避免使用。红灯仅用于工厂最终组装线的停线，当发生制品无法从工厂出货时，也会使用红灯。

红灯是最严重的亮灯，不论正在做什么事都得放下，立刻去处置。

○**黄灯：**

呼叫用的灯号，前面解释过，黄灯是自动线各个设备的呼叫灯，也是作业者、设备的呼叫灯。

黄灯是要与作业者、设备好好沟通，思考如何防止再次发生的信号灯。

○**白灯：**

确切执行与改善，以延长亮灯的周期。

即使是行灯的颜色，也要经过如此慎重的考虑，请大家务必了解前辈们决定这些事项的苦心。目前，各企业制作出各式各样的行灯，为了应对环境变化而改变的确很重要，但也要思考：这些变化是否真正活用了各种颜色的意义？

"红灯是立刻放下手边的事赶过去，黄灯是想办法让它不要再发生，白灯是要确切地实施作业，以延长亮灯的周期（例如改善刀具的磨耗以延长交换周期）。"

希望大家务必理解前辈们的想法，然后传承隐含在行灯背后的意义，以便让更多人进行改善！

大野先生非常重视行灯。他来现场常做的事情之一就是一看到行灯亮了，就问为什么设备停下来，并要求调查行灯亮的原因。如果看到设备停了，行灯却没有亮，他会一直站在那里不离开，直到确认修好为止。他说异常却不亮灯，会被误认为状况正常，"那是说谎的行灯"。

在制造现场，不容许出现异常与正常无法区别的状况。大野先生刚开始改善时，现场的异常与正常是混淆不清的，我认为大野先生指导时的严格态度，从他决心绝不退回到那时候混淆的现场、绝不让人退回到那时候的现场，就可以看出来。

教诲 11　标准作业是看板的起源

这个教诲也是摘录自大野先生在总公司工厂营运五十周年（一九八八年）之际发表的纪念文稿：

管理者必须能够指导、改善作业者错误的作业。为此，才将标准作业揭示在生产线的上方，这就是看板的起源。

我希望通过这一节，传达大野先生所重视的事情。

1. 标准作业当然可以让作业者在无法确定作业方法时，进行确认，但其主要功能是供管理、督导人员使用的目视管理工具。管理、督导人员为了纠正错误，使用标准作业来对照作业者的作业，以确认作业是否正确，如果有错误就立即纠正，否则无法持续制造确保质量的制品。当初这标准作业是挂在生产线上，称为看板，标准作业是源自现场的管理工具。必须透过标准作业的塑形，进一步改善作业方法，更安全、廉价地制造出良品。

2. 接下来说明为何"标准作业是看板的起源"。关于这一点，并没有留下大野先生本人详细说明其理由的记录。虽然过去有人表示，"看板的起源是昭和三十九年（一九六四年），接受戴明奖审查时，为了让人印象深刻而使用的标语"或是"为了让外国人搞不清楚我们在做什么，而取了看板这个名字"，但这都没有说明为什么"标准作业是看板的起源"。

大野先生从丰田汽车副社长退休后十年，还特别对被公认构筑了丰田生产方式的总公司工厂，发表了营运五十周年的纪念文稿，写下"标准作业是看板的起源"，其目的是明确传达这一句话中，他希望大家了解的讯息。

大野先生以"后工程领取"构筑 Just in Time 的时候，将"领取票"当成"现物票"使用，演变成了现在的看板。接着，他将当时称为"看板"的标准作业"表"，改为包含制作者、督导者意志在内的标准作业"票"。至此完成了不需要表单的系统，同时可以将管理的工作移交给现场。我认为，大野先生对此非常满意。

大野先生进一步以"除了要重视'即使延迟，也能正确无误地完成工作的系统'外，管理者要掌握部下是否彻底完成了自己思考出来的组织营运方针"作为这篇纪念文稿的结语。

我^行_我思⋯⋯⋯⋯⋯⋯

"标准作业是看板的起源"是什么意思？我的想法如下：

大野先生想将一般管理部门从事的事情，改在现场进行。标准作业票也是一样，企业大多由管理部门的技术员来编写。而行灯的制作，零件料架的制作、管理，以及零件的放置地等，也都由管理部门移转给现场，诸如此类的例子不胜枚举。

我有个亲身经历的例子。在担当机械部技术员的时候，我们要将所负责的组件加工、装配一贯生产线，移设至其他公司。当时是由我与那家公司的技术员一起制订移设、技能培养、生产线布置、生产系统等计划，结果依照计划如期完成了。

但其中的生产指示方法与以往不同，组件的装配生产指示，并不像以往遵循控制室指示的顺序来生产，而是改由根据现场的组件完成品库存状况，使用看板来指示生产。和以往比较，因为可以在更接近出货场的地方决定生产顺序，所以可以更适时、正确地反映顺序变更信息。

之后，我虽然没有直接听到，但有人传话说，大野先生说："那个方法很好。可以取消控制室了。"

事情总是无法按计划进行的，如果真的可以按计划进行，就不需要管理者了。看板方式也是根据这样的想法，带有应对计划变更时的微调机能。

"今后，在现场能做的事就让现场来做，如果有变更，不必经由管理部门，希望构筑让现场能尽早承担的机制。"

我想这正是在丰田汽车总公司工厂营运五十年史中，大野先生想亲自传达的重要讯息。以下是全文。

五十周年时的回忆

前副社长（第二代厂长）大野耐一

从昭和三十八年（一九六三年）左右开始，看板已经扩展到整个工厂了。当初并不是先有了宏大的构想而开始，我们也不知道未来会发展到什么地步。以"提升生产力""抑制生产过多"，然后"以较少的人来生产"等，是无法清楚计算未来的。即使说明了，也没人能理解，只好在现场仔细指导。

在丰田生产方式中，任何人去支援其他部门时，都必须能够正确作业，如果有错误的作业，管理者就必须指导与改善。为此，才将标准作业揭示在生产线的上方，而那就是看板的起源。最近看板的用语或其解释，反而有点反客为主，丰田生产方式原本是从单纯的地方开始的。

除了要重视"即使延迟，也能正确无误地完成工作的系统"外，管理者确认部下是否彻底完成了自己思考出来的组织营运方针，今后总公司工厂将身处变化迅速的环境中，期待能很好地进行应对。

按"启动开关"时，作业者是静止的。不能边走边按吗？

机械工厂部长以下的管理者、技术员，都在同一间办公室，有天办公室的电话响起，是现场打给负责改善的课长的。课长对我说："大野先生找你！"我一边问课长"是发生了什么事吗？"，一边立刻与课长趋步前往现场的，发现大野先生在变速箱的手工作业加工线旁观察，他说："仔细看那作业者的动作哦，按启动开关的时候，停下来了吧！"大野先生指摘的理所当然的事，刚开始的时候，大家都不太了解他在说什么。

"将工件（被加工物）装上机械之后，才刚开始走路又停下来按开关。既然已开始走路了，能不能不停下来，就按下开关？"

接着他又继续说："你没看到电梯里的开关，只要轻轻碰一下就可以了吗？而机械上的开关因为需要那样特地按下，所以才不得不停下来吧！"（因为必须用力按下，所以必须停下原来的动作。）

这种开关已经使用数十年了，大野先生当然也知道我们一直使用这种开关，但仍这么说。

保全课长和我都是带着忐忑的心情冲去现场的，一听见大野先生的话，马上放下心中的大石头，立刻着手修改开关。改善班平日接受现场的申请，制作现场所需要的改善装置，但生产繁忙的时候，则作为支援者编入生产线作业。因此他们可以根据在生产线上或生产线上联机操作的经验，制作出让生产线容易作业的装置。

结果我们做出来的开关，并不是大野先生所说的触摸式开关，而是使用了限制开关。改善班回想到过去为了防止过度强押限制开关、减少开关故障，而研究出有拨杆的凸轮。两天不到，改善班就做出了样品。大野先生一看，马上认可。

实际装上这个开关试行后，发现因此还可减少作业者的脚部疲劳，步行时间实际减少了百分之十以上，大家都大吃一惊。使用这种限制开关来启动设备的方法，后来在日本被普遍使用。

大野先生的脑子里，是以这样的回路运作："电梯的开关……轻轻碰一下就好了……可以活用在什么地方吗……设备的启动开关。"因此他对我们说："是不是能想些办法？"大野先生一想到什么，就会说"请到现场来"，活用自己创造的改善班，绞尽脑汁、持续促进流动。

因此，物料也可以流动，作业者也可以流动。

我想，正是因为大野先生一直在大脑里描绘着理想的境界，持续观察现场，才发挥出这样优秀的教导能力。

我行我思·················

各制造部都有改善组织。集合了有经验的作业员，虽然平日的工作是接受现场的委托，制作改善作业的装置，但要他们制作不曾见过的东西，却最能燃起他们的斗志。

各制造部之间虽然水平有差异，但他们都朝着好的方向进行，每年都能创作出"让人惊艳的作品"。我们对改善班有很高的期待，他们也一直有超越期待的活跃表现。

改善班在组织上，介于直接部门与工厂间接部门之间。生产繁忙期间，除了留下一部分技能员外，其余人员都会去支援生产现场。这时正是在为能够制作出作业性更好的设备而实施训练，也就是在保持制作设备能力的前提下支援现场。

被大野先生指摘了，才注意到作业者是停下来按开关，真是令我懊恼至极。但也就是因为感到"懊恼至极"，之后才会在大野先生说"这里不是也有同样的状况吗?"之前，就先加以改善。我有一次看到作业者在组件装配时，要"扶着"

自动螺帽锁紧机来锁紧螺帽，于是进行了改善，让作业者只需将自动螺帽锁紧机设置好，按下开关，不必扶着设备也能自动作业。

这还不是完全的自动化，最初还需由人设置的方法被称为半自动化（One-touch），但与完全自动化相比，相当便宜且简单。多亏大野先生的启发，其他工程或设备也通过活用这个想法，实现了许多类似的改善。

教诲 13 买了昂贵的设备，为何还要让领高薪的优秀班长来操作？

　　这是悬吊系统工厂第一次导入有自动搬送功能的连续自动加工机时的事情，因为是昂贵且重要的设备，为了尽快学会操作，让机械可以使用，我们选出课内最优秀的班长来作业，准备了万全的体制，以期尽早开始稳定生产。我想任何企业都会这样准备的吧。

　　但当大野先生来确认开始生产的状况时，看到班长意气风发的"这部机械只有我能操作"的气势，并拼命作业的状况之后，说了标题的这句话。

　　一起进行生产准备的管理者，以及制造、生产技术的技术员们，都感到困惑不已。大野先生为何说那样的话？该如何是好？后来终于有跟随大野先生并理解其说法的制造技术员，注意到了大野先生的弦外之音。

　　"在当初按机种划分配置的时代，根据机种，有需要一级车床工等专门技能工的情况。为此，将人的智慧赋予设备，成了自働化设备：'将人的工作与设备的工作分离'，于是出现了即使不是高技能者操作，也能作业的生产线。但虽设置了更高价的设备，却仍然配置高技能的班长来作业，所为何来？再看看班长所做的事情，即使设备因异常自动停止了，班长却仅是恢复原状，而不思考防止再发的对策。这么一来，当班长休假的那一天，就无法生产了。必须对现在发生的问题，立刻采取对策加以解决，直到谁都能作业。"

这位制造技术员向相关人员这么解说，让他们理解之后，大家开始思考，如何能让技能员取代班长来操作，这样班长可以随时提出异常项目，并展开对策。最后，班长就回归到了原来的线外业务。

第一台连续自动加工机被称为"一人控制机"，当机械在运转时，必须有一人随时待命在旁。有了上述的反省之后，第二台设备"无人控制机"成了标准规格。

我行我思‥‥‥‥‥‥‥

我想不论是谁，即使能够理解这样的想法，一开始要做的时候，也会为是否能顺利进行而有所踌躇，更何况是已经决定开始生产日期的生产设备。反正把班长排上去，交给班长去办一定不会错。但那样的话，就不利于未来的发展。我推测，大野先生认为这是一个让大家了解他所展开的"制造"相关想法的绝佳机会，才会这么说。

我听前辈谈这件事的时候，想起了大野先生的另一句话：

"改善之后，如果能减少一个人，要从生产线挑出最优秀的作业者到线外。"

这个方法可带来三个效果。第一，最优秀作业者在生产线外，可以容易发现做过的工作有什么异常，进而展开对策。因为优秀作业者遇到异常时，常会不自觉地顺手排除异常，恢复原状，结果使得异常无法显现。第二，让最优秀作业者的能力活用于改善。第三，让留在生产线的作业者有欲望成为下一个被挑出的作业者，这样更多作业者会抱有积极的态度。

即使这么做，当昂贵的设备一进来，又会故态复萌。这样的事情如果不常常提醒，马上会被忘记。传承，必须由当时在场的人们来担当。这件事虽然已经过去很久，但我想因为有如此优异的指导者，才会有今日，我们该感谢的人实在太多。

制造部的技术员要成为横向纬纱

这一节要介绍大野先生于昭和三十五年（一九六〇年）集合在制造部技术员室的技术员时的训示内容。

在汽车的生产中，设计（汽车的性能、质量）、供应、生产技术（设备的功能、供应价格、交期）等不可或缺的部门，如同织品的纵向经纱。

光有如同纵向经纱的部门，虽然不至于无法制造汽车，但再怎么准确地构建此纵向组织、工厂制度，营运也只以部分最适为目标（例如组织的论件计酬制度等）。费心调度所赋予的资源，还是无法顺利制造，制品也不会物美价廉。

结果会使众人在充斥着浪费的环境中费力制造。

汽车的工程很长且很难看得清楚，在任何地方都会发生浪费，其数量则是难以计数。

各位制造部的技术员，要在全工程观察，以追求全体工程的最适化。这是我要委任给各位的重任。

具体来说，技术员要着眼于与质量、安全、成本、交期直接连接的四个现象——加工、检查、搬运、停滞，成为强力推进的横向纬纱，织出好的织品，以更低廉的成本安全地尽早完成良品。

然后，请将以上改善的结果，准确地回馈给纵向经纱部门，进行下一次的企划。

大野先生借此确立了制造应有的形态，让制造现场成为主体，不怕失败地试行，和制造部的技术员一起，强力推进让现场更好的改善。

大野先生就这样，让机械部的技术员展开横向纬纱的业务，成果非常显著，全公司也认识到了这项业务的价值，于是在昭和三十三年（一九五八年），在五个制造部门与相关的生产技术部、检查部，新设了开展横向纬纱业务的技术员室。

制造部的技术员一定要成为横向纬纱，这真是个绝妙的想法，即使到现在，仍十分适用。

我行我思··················

设备的工程顺序配置、少工时的设备规格、后工程领取、定量搬运等，现在已被认为理所当然，为了让大家理解，这在当初是克服了非常大的困难、经过了辛苦劳动，我以两三个当时的实例，也就是昭和二十年代至三十年代（一九四五年至一九五五年）机械部的生产实态，与"自働化、Just in Time"有多大背离，来举例说明。

当时为了根据每月计划，有效率地生产自工程的完成品（不同于现在效率的意义），形成了下列的常态：

1. 为了使多品种生产时的换模、换线次数极小化……大批量生产；

2. 为了防止缺货带来的困扰，拥有很多库存……结果造成很大的浪费。

结果零件无法先进先出，质量有问题时难以分析，且恢复所需要的费用和工时非常庞大。

更有甚者，因为薪资支付是以各组的完成品数量来计算的，所以做得愈多薪水愈高。结果招致了因制造过多产生的浪费，还尽可能不换模、换线，因为认为一样的东西生产得愈多愈有利。在这样的状况中，即使说了只做今天要的东西，接着换模或换线，然后做下一个制品，也根本没有人听得进去。

制造过多的制品虽放进了制品料架，但也不知道什么编号放在什么地方。结果，当后工程需要的时候，找东西也得大费周章。

特别是集合公司内外零件的粗形材整备室（丰田不称其为仓库，称为整备室），并不是存放零件的地方。虽然整备室从公司创立开始，就是作为"必要的东西，只有必要的量，在必要的时候可以搬运"的地方，但实际上运作得非常不顺利，铸造、锻造的零件也没有整理，杂乱地放在狭窄的地方。因此为了寻找必要的良品粗形材，要花费许多工时"寻找、发现与取出"。面对这样的整备室，只得从决定各个产品编号的容器开始，用三层的料架整理出各产品的储放位置。

于是大野先生开始大力推进流动化，追求设备的自働化，采用工程顺序配置，将原来设在线外的电镀、热处理、涂装工程编进生产线中，减少了搬运与库存，扩大了组的管辖范围。这么一来，减少了范围狭小的按机种配置的组，阻碍流动的制约高墙逐渐倾倒了。这些事情，我都是从当时在机械部工作的前辈那里听来的。

之后，零件生产线化也持续进步，将需要同样技能的零件集中，成为按零件种类划分的工程顺配置，更扩大了组的编制。

接着将"零件加工线与装配线",连接成后工程到前工程配套领取（水蜘蛛搬运）的一贯生产线，使得加工与装配的合作体制获得重大发展。其后生产线化更进一步，完成了同车种"零件与装配的一贯生产线"的"各车种配置"，也就是现在组件生产线的先驱，这在制造历史上添上了浓重的一笔。

管理者随着物的流域扩大而扩大管理范围，并且信赖日本特有的企业内晋升制度，再加上积极投入工作的风土习惯，让人的能力能够充分发挥，才有了以上丰硕的成果。

这正说明了"造物即是造人"。

此后业务的专门化进一步发展，责任体制也更加严格，但纵向的组织、本位主义却更甚于以往。

在工厂里，所有工作都是由上游流向下游，如果由下游往上看，就可知道哪个部门在想什么事。部门间的整合不良，会导致现场许多问题。

虽然技术员的工作变得比以前更困难，但正是在这个时候，才需要将纬纱确切地织入经纱中，最终在现场实现所有部门方向一致、有一体感的制造系统。

大野先生是非常注意用字的人。为了让本书内容易读，我使用了"纵纱"与"横纱"，但其实大野先生当时是用了"经纱"与"纬纱"的说法。听说大野先生说这话的当时，一边写着传统的"经纱"与"纬纱"给我们看，一边说："是这样写的吧！"

虽然大野先生出身于丰田纺织，对织品知之甚详，但他的话题并不限于纺纱织布。他所使用的语言，都是一个一个经过深入思考后说出来的。他也要求部下反复思考，指导部下必须自己去掌握事物的意义。

请特别注意大野先生的话：

"制造部的技术员要成为横向的纬纱。"

为什么是制造部？因为只有在制造现场，所有部门、岗位的工作，才能以纵向经纱的形态集结在一起。

看板的最小收容数是五个

　　(这是对"看板的最小收容数是不是一个?"的回答。一次领取一个虽然好,但这么麻烦的事不要做比较好。)

　　如果遗漏了大野先生所指导的"看板的最小收容数是五个"(五台批量),我一定会被有关人士责难"为什么没有说明?"这是完全无法切割的、非常重要的事情。的确是"五台批量的大野"。

　　要怎么说明"五台批量",怎么传承才好?我好几次写了又擦掉,写了又擦掉,总是写不下去,但终于将其写在了第十五个教诲中。

　　我想,如果不把它写出来,则第一章"大野耐一先生的教诲"就缺少画龙点睛的效果。事实上,我只是直接写下从大野先生那里听来的事情,是否值得学习,就请各位读者自行判断了。

　　大野先生非常坚持五台批量:"五是最小批量,零件的收容数是五的倍数。"

大野先生在总公司工厂的总组装部、车体部、机械部担任厂长时，在总组装线组装车辆的引擎、变速箱、大梁的组件上，都是以五台为单位同期化，按顺序生产。完成了以五台同样车辆批量组装的五台批量生产系统。

之后，他担任整个总公司工厂的总厂长时，锻造部、铸造部也是根据五台批量的观念，开始使用看板。完成了从粗形材部门开始到组装完成，一律采取五台批量的伟大系统。

完成了这个系统后，大野先生认为"五台"对总公司工厂的制造而言，是最有效率的批量，为了让每五台换线之后，再生产的方式能与看板有所连接，破天荒地明确设定了"要做到即使是五台也能生产的换线改善"目标，这是前所未有的生产线换线改善目标。

另外，在大野先生集合了工厂管理者的指导会上，对于看板最小收容数的提问，我记得他明确地回答："不要做一次只领取一两个的无聊事情，最少也得五个吧！"

我对此再做些补充。我想，大野先生所说的无聊事情，也包含了"如果用收容数为一个的领取看板去领取，投出生产看板的话，就要制造一个来补充"。再说得清楚一点，收容数为一个的看板，已经不能说是看板了。

因为"生产看板"指示生产的数量，与"领取看板"所领取的数量是一样的。

以下情况也可作为参考。总公司工厂的平准化是以看板为单位，也就是说生产量多的车辆，可能会连续两张看板，十台十台地生产。

我行我思·················

大野先生倾注心力构筑从组装工厂发祥的五台批量看板，适用范围逐渐扩大，渐渐从组件工厂的机械部、车体部，扩大到粗形材部门的铸造部、锻造部，全工厂以五的倍数的看板连接起来了。

因为组件工厂之后的工程是补充方式，所以如果知道组装工厂的作业何时完成、接着还要生产多少、什么时候可以结束作业，那么全部都可由现场自行决定对应方式，这是效率化工厂营运中最合适的生产方式。而当时到组装工厂为止，以看板单位生产的只有总公司工厂的总组装部。

另一方面，也有不少人认为：五台批量生产是追求"制造"效率的系统。顾客的订单是以一台为单位，订单只有一台，却追加制造了不在订单内的四台（虽然未来可能会有这四台的订单，但目前并没有实际需求），那四台不就是大野先生最讨厌的制造过多的浪费吗？

现在的轿车工厂中，组装线制造的是一台一台不同的车辆（也就是批量是一台）。能组装每台都不一样的车辆的技术与方法，是在"五台批量"的时代后开发出来的。虽说当时如果投入较多的工时，也可完成近乎一台批量的制造系统，但大野先生却顽固地坚持五台批量生产。

我想大野先生并不会因为变更设备需要高额投资，或是没有空间等理由就退却，所以一定有其牢固的信念，坚持此系统。

我试着思考了"为什么？为什么？"

大野先生说过："能赚钱的制造系统是预测生产。"由此推测，组件加工生产线的"补充方式"，虽不知接下来何时会被取用，但为了下次的取用，我们只制造被取用的数量，先行补充库存。这种预测生产方式，制造数量的上限被看板限制了，所以大野先生所说的"预测生产"，并非毫无根据的预测生产，而是有上限的。

前面提到的提早制造的四台，就是不知道何时可卖出的预测生产。这不只是将制造出的能卖出去的车子交给营业部门，而是连今后要卖的车子也一起交给营业部门。大野先生构筑的系统，连营业部门最重要的职责也一并考虑进去了！

如果真是如此，一台已卖出去的车辆加上四台可能卖出去的车辆，合计五台，变成了"预测生产是赚钱的做法"。四台并不是生产过多，而是会产生利益。

　　同时，并不用担心这样预测生产出来的车辆会成为长期滞留的库存。五台全部卖完后，再有订单进来时，才会再开始生产。这一切都是经过仔细思考的，不会毫无秩序地增加库存。

　　这样的做法实际上已经运作很久了，营业部门也遂行其本分，预测生产出来的车辆应是以类似上述的做法，让顾客买走。

　　现在总公司的总组装工厂没有了，也许这个问题只能当过去的话题来讨论，但同样的车辆连续生产五台，优点实在很难割舍。如果是五台一样的车辆，作业容易记住，不容易出错，车辆间有工时差的时候，则由线外人员来帮忙。这是简单的制造方式。

　　我对组装领域的年轻技术员们有很大的期待，希望他们能开发出简洁明了的系统，简单完成复杂的作业，同时满足五台制造的效率与顾客购入一台的需求。

第二章

经营者的职责

—— 让丰田生产方式保持成功

带来感动的技术、技能和经营管理

—— 利益是流动化的红利

1 针对丰田生产方式的管理与组织

本章要探讨应采取哪些管理方法，让从经营者到作业员都能以前一章介绍的大野先生的教诲为共识，全员团结一致，抱着愉快的心情逐步改善现场。

企业在导入丰田生产方式的时候，向来是借着熟悉此方式的有经验者、专家等，以所谓的公司内外顾问的指导为主，而这两者都以方法（如何做）或建构体制（制造系统）为主体。但这样的话，对象职场的管理督导者将在摸索中营运与现在不同的职场，结果单是消化所指导的事项就已经筋疲力尽了，管理督导者原有的职场营运职责，反而从职场消失了。

要顺利导入丰田生产方式，必须改变原有的企业文化与管理模式。因此重要的是，要教授能运作丰田生产方式的管理，以便让管理督导者以自己的能力，构筑能够维持改善、持续改善的职场。

导入丰田生产方式后，刚开始会因生产力有显著改善而高兴，但接下来在其他生产线开展时，却得不到类似的成果。不仅如此，我还见到许多经营者、管理者与企业，因为员工的干劲不再那么高昂，而感到烦恼。

我曾获邀去指导已改善完成的生产线，那情况至今仍不能忘记。这些生产线虽然是许多人倾注心力完成的，但完全看不到其踪迹，到处堆着半成品，换模频率以一天为单位。看到这样残酷的景象，我感到非常痛心，所以我认真思考为什么会成为这样的状况？为什么？为什么？我之所以反复追究为何会落到这般地步的原因，是为了让丰田生产方式能够开展与发展。

我当时任职的部门，负责辅导各种企业开展丰田生产方式，有改善活动已走上正轨的良好企业，也有几乎只会应酬式地对应的企业，我能从各公司的活动方式、理解程度与对应措施等各种切入点，分析原因何在。因此我才了解到，如果只是听从上司的意见，以一般的管理模式来开展丰田生产方式的话，虽然会有结果，但无法顺利持续下去。

导入丰田生产方式的企业，随着改善的进行与物的流动化的推进，会逐渐需要"针对丰田生产方式的管理"。反过来说，随着改善的进行，既有制度、方法与丰田生产方式之间会出现冲突。

理解了这些之后，就能在冲突浮现的时候加以应对，并了解丰田生产方式与一般管理之间的不同之处，从而让活动持续顺利进行。因为这件事情非常重要，所以接下来做一下详细说明。

我将这些汇编成"针对丰田生产方式的管理"的小册子，当我从工程师部门调任为制造部门管理者的时候，以自己部门的管理督导者为试用对象，实践了此方法。但因为他们接受过大野先生的指导，已经能够应对物的流动化，所以对于"针对丰田生产方式的管理"没什么特别反应。

之后我担任了另一家工厂的制造部长，该厂也有粗形材部门，是批量生产。因为不同于组装工厂或机械工厂的一个流生产，或者以看板为单位的换线，所以我清楚地了解两者之间的不同之处。我一方面努力让管理督导者认识与理解其职责，另一方面开展"针对丰田生产方式的管理"，结果使每条生产线都能迅速进行改善。

在粗形材部门，我也学到了之前未注意到的事情，并将这些经验，追加到我的管理小册子里。担任台湾国瑞汽车总经理时，我不仅在自己的工厂对其进行实践，还扩展到供货商，用丰田生产方式指导整个集团，以"流动化"为共通的主题来推进。

"流动化"这项技术力，取决于制造技术与生产技术。因为是由各公司的经营者担任推进领导者，所以在每家厂商都产生了很大的效果。也因此证实了，经营者如果能在前方牵引，一定可以取得非常好的成果。

在制造现场，偶而会有些事情必须由经营者出面做决定。这时如果没有与现场的密切接触点，就会眼睁睁地看着决断的机会稍纵即逝，所以经营者必须仔细关注现场的活动。

经营者的职责确实非常重要。有些企业的经营者，会表现出强烈的想得到成果的情绪。经营者强势的领导管理（我称之为恐怖的管理）虽然在初期会取得很大成果，但之后会出现由盛而衰的趋势。

个人的强势领导可以一时让所有领域都变好，但更重要的是要使组织营运持续变好。为了构建这样的架构，经营者不能只追求"效率"的进步，必须让实际工作的"人"自己理解、接受工作，并充分发挥能力，这是会获得好评的营运所不可欠缺的。

前文多次提到过，利益是流动化的红利。首先从培育人才开始，接着还是培育人才，培育人才是永远的课题。

这一章主要谈"实施丰田生产方式的管理常规"。如果对词语的定义不一致，读者有可能无法正确理解，所以先特别说明一下"组织"的意义。

企业中有执行各部门所属业务的"机构"，为了让各机构互相了解、让事情圆满推进，有了"制度"。让机构与制度能够动起来的是"营运"。机构与制度是决定好的，营运则必须靠人来执行。

"组织"靠"机构、制度、营运"才得以成立，一般意义上的组织，其实只是机构而已。

管理是做营运的工作，而且是委任给经验与性格都不同的人。因此管理这件事，无法避免地受到承担此职责的个人经验、资质与性格等影响。但如果能尊重所在的机构与制度，了解制造方法的常规，营运方法就不会因为人的不同而有很大改变。

这一章要介绍开展丰田生产方式的活动方式，以使营运不会因管理督导者的不同而产生大幅变动。同时将介绍基本的常规，以使改善活动不会是一时性的，而是永不停止持续改善。笔者从在担任工程师、管理者、经营者等职务时积累的经验中，体会到"针对丰田生产方式的管理"这项工作，只有经营者能够完成。

2 根据制造环境的变化，改变组织

所谓"经营者"，要能够根据制造环境的变化调整组织（制度、机构、营运）。这里所说的经营者并不限于总经理，大野先生认为从课长开始都是经营者。

如果我们从大野先生历经三十年以上，以经营者的立场构筑的丰田生产方式来思考，那么经营者本身就是事情能够顺利进行的重要因素。因此如果说不管好坏都是经营者造成的，也并不为过。

话虽如此，实际上存在非常多的经营者，交代厂长或制造部长说："这次要导入丰田生产方式，就拜托你了。有什么问题请跟我联络，我每个月会来两三次。"部下们可能会认为"因为老板要来看，非得把它做好不可"，但这种方式是无法长期持续下去的，如果这么勉强，不如一开始就不做。

导入丰田生产方式的时候，即使初期进行得很顺利，不久之后却不知道为什么变得停滞不前了。不仅如此，许多时候甚至会变得比导入前还差。

许多人无法想象为什么会变差？这是因为导入丰田生产方式、做出标准作业后，物的流动速度比以前更快，使得迄今为止潜藏的工程问题逐渐浮现。也因为工程内的库存大幅减少，现有设备的维修体制或质量管理体制在较少库存的情况下，出现了以往未曾出现的问题。

要开展丰田生产方式，首先必须了解当物的流速加快之后，会有许多一直潜藏着的问题浮出表面。为了应对这种快速的流动体制，人、物、设备、制度、营运、机构等要素，都必须配合改善的进展与步调来调整，但传统的工厂营运方式却大多跟不上来。

对于历史悠久、营运成熟的公司而言，如果无法进行组织性的改变，就无法导入与现在不同的体制或想法。如果不了解这些而贸然进行改善，许多按照过去的方法所做的决定，会在突然间变得左支右绌，使得熟练者或长期沉浸在既有环境中的员工，累积满腹的不满。愈是历史悠久的公司，其现场愈会强力构建起适合其组织的文化，所以冲突会更大。

说起来，公司的文化是组织长期运作下形成的，改变文化并非易事。所以，好像到处都会发生与既有做法无法整合的状况。

将流动的系统改变为补充方式，也就是变更为由后工程领取的这个改善结果，是否会与既有的"制度"发生冲突？如果会冲突，又该如何修正？要调整的不只是制度，机构（一般意义上的组织）也必须视需要进行变更。

于是首要的解决对策，并不是经营者亲自去现场亲自动手进行改善，也不是当有了成果后，一个接一个地一口气实施改善。真正的对策，是要一边考虑与组织的适配性，一边逐步改变。导入时还要注意不要让员工对变化不知所措。这正是经营者的职责。

不要仅高度关心利益的成长，也要将员工的成长视为更应该特别关注的课题。大野先生一方面改变组织的各个层面，一方面充分运用时间，在自己的职务范围内不屈不挠地实践，最终逐渐改变了以固化的现场习性运作的现场文化。

3 领会制造的基本
——看现场的方法、物的四种状态

前面说明了经营者职责的重要性，但大家今后如果想导入丰田生产方式，必须先了解：

- 导入丰田生产方式的意义是什么？
- 构筑"制造"的系统是怎么一回事？

此外还要能从管理的观点，将重要的事项简单说明出来，不要用太专业的方式，要以让人容易理解的方式。

接下来要介绍的观念虽然非常简单，但也有许多人表示很难立刻理解。不过只要理解了，我想就能懂接下来要谈的：为什么要做这样的事情？为什么要使用这些"方法"？"生产系统"代表的意义是什么？

除此之外，希望各位读了本章后，能重读第一章"大野耐一先生的教诲"，这样对于之前不容易理解的部分，也会有较深入的领会，而且眼前大概会浮现出大野先生指导时的状况和场景吧！

在本章，我着重于"理解容易度"，以及能让各位经营者在管理上活用的"看现场的方法"。

采取丰田生产方式，当现场发生任何问题或是异常时，督导者必须在当场就做出判断、采取行动，所以"理解容易度"是最重要的。平时在现场就要注意，避免使用不易理解的表现方法。所以我改用简单的方式来表现困难的事，尽可能用容易理解的语句书写。

还有，有些经营者很担心自己对现场不太了解，但如果维持现状，今后的竞争力自不待言，生存下去也很困难，因此我尽可能从经营的必要性，写出问题点或改善点等。

本章一开头已经说明过，只有经营者能够改变企业组织、让企业恢复活力。所以为了让位居经营层的各位，能够激励管理督导者和全体员工，使他们发挥出十二分的力量，首先希望大家能够理解"看现场的方法"或"何谓及时化"等制造的基本点。学会了看现场的方法，就能很快看出现场的问题，并扩展有助于工厂整体的管理方法，这样也就能给公司整体经营带来良好的影响。

物的四种状态

丰田生产方式的最大重点是"物的流动化"。在制造现场的素材、半成品、修理品、制品等，都称为"物"（工件），而根据"物"的个别情况，可以区分成四种状态。

这是观察现场的基本，由此可以比以前更明确地看出问题点。所谓物的四种状态，包括：

1. 停滞

什么都没有做。可能有的原因如下：

- 各班之间有时间差
- 与客户工作日之间有时间差
- 年度休假
- 换模前的先行生产
- 不良修理品
- 为设备故障、突发缺席而准备的安心量
- 定期修理
- 设计变更、停工
- 为填满自动生产线，造成半成品过多
- 等待搬运的完成品过多
- 对于加工来说没有必要的工程内半成品
- 栈板内的粗形材

- 收容数多的栈板

- 不明理由

2. 检查

确认已加工的"物"的规格是否良好，例如：

- 工程内的检查品

- 送到测量室的检查品

3. 搬运

"物"正在搬运中，例如：

- 正在输送带上搬运（加工前、后，以及加工点之间）

- 领取零件或完成品时，在工程间、生产线间搬运

4. 加工

改变"物"的形态，例如：

- 用设备切削，或熔接、组装零件

- 改变工件的硬度或组织的热处理

● 高温工件的冷却

这四种状态的"物"也许是为了制造完成品所必需的，但如果进一步以"工作"（所谓"工作"是指工程有进展，向最终工程靠近）的标准来看这些状态，只有"加工"会与其他三种状态明显不同。

加工是改变物的形态（不只是外观的改变，还包含硬度、组织的变化）。通过改变形态提高了其附加价值，也使得"物"靠近最终工程。

另一方面，停滞、检查、搬运，并没有改变物的形态，不会提高附加价值。不仅如此，工时花得越多，越会提高制造成本。

"加工"可提高附加价值
"停滞、检查、搬运"则是提高成本

因此我想大家都能了解，如果进行削减"停滞、检查、搬运"的活动，就可减少劳务费、直接管理费，降低"物"的制造成本，而向最终工程靠近。为此，重要的是要提升工程的实力，减少停滞、检查、搬运，这样才能提高加工的效率。

在改善过程中，解决了技术与技能上的制约条件所导致的问题，相对地也就会在安全、质量、时机、成本上带来好的结果，变身为强大的生产现场，不仅工程内库存少，而且包含高技术、高技能。

减少"停滞、检查、搬运"，提高"加工"的比率，就称为"流动化"。流动化正是丰田生产方式的核心概念，也是生产现场的重点活动项目。

"看板方式"是实现 Just in Time 的手段。Just in Time 则是在后工程需要的时候，只制造所需东西的需要量，提供给后工程；"看板方式"则是借由看板，向前工程传达后工程需要的东西、时机和数量。

实行"流动化"的关系，使得"看板方式"也非常适用。也就是说，进行的顺序应该是，先将工程连接起来，构成依工程顺序排列的生产线，成为一个流的生产线，之后再导入看板方式。

请各位亲眼看看，目前"物的四种状态"在工厂、现场的实际状况是什么样。现地、现物地确认"停滞、检查、搬运"与"加工"之间的关系如何，这样能了解到还有相当多的成本可以降低，这样不就可以安心了吗？

但是在观察现场时，不要对管理督导人员有太多的质问，即使发现什么，也宁可什么都不说地继续巡视。如果骤然做出指示，现场可能会不知所措。

首先要彻底掌握现状。只要能反复掌握现状，原来还没看清楚的地方也会逐渐明朗，而比较适宜的改善方案，也会在此过程中逐渐浮现。

如果有什么事非讲不可，也要稍微忍耐，先不要讲，要将此问题当成经营者自己练习组织开展作战的练习题。

削减停滞、检查、搬运的方法

接着要简单介绍，可以用哪些方法削减停滞、检查和搬运，以便让大家在现场掌握现状的时候，能够更深入理解现场的状况。

减少"停滞"

明确记录停滞的理由、期限与管理者的名字；减少完成品的收容数；采取以看板为单位的领取方式，并且缩短换模、换线的时间。

减少"检查"

通过在工程内进行检查来保证质量，并使用按零件、工程种类划分的专用检查工具。

减少"搬运"

减少工程间的距离，采取定量搬运，要求后工程以看板为单位领取。

请观察这三个状态与减少方案，在现场是如何运作的。我想，加工的比率之低，一定会让你大吃一惊。

如果一个东西的加工时间是一分钟，要用收容数为二十个的箱子搬到后工程去，到后工程可以开始加工的时候，最少也要二十分钟。

如果将此前后工程连接起来，一个一个加工，就可以不再使用原本收容数为二十个的零件箱，也不需要十九个半成品，也就是说，减少了十九个零件的停滞。所以可加速相对应的资金周转率（提升资金的周转率）。因为虽然整个现场停滞的数量与生产量的规模有关，但也不止于加工的百倍、千倍。

我有一次参观铝制零件工厂，生产技术员对我说明采用划时代工法的改善事例，并在说明之后询问我："有注意到什么吗？"我说："铝制品从电解精炼开始，经过加热、加工、洗净，可以说是由电力精炼出来的团块。可将一个铝零件想象成高亮度的发光体，但这发光体却被放在栈板上层层叠置，放得到处都是，结果亮得炫目，什么都看不见了。我只注意到走路时要注意安全，以防跌倒。"虽然我唐突地以讽刺的方式进行了说明，但我其实是要特意提醒他看不出生产技术的成果表现在哪里。

"资金"如果变成"物"，就不能只是躺在那里而已，"物"处在停滞、检查、搬运的状态时，除了无法增加附加价值，还会花费许多劳务费。

前面说过的"物的四种状态"与削减方法都非常重要，但对经营者而言，与其了解实施的细节，不如先理解其背后的观念。如果能让各位因此了解库存（停滞）的坏处，而活用于经营，将是我的荣幸。

第三章

管理者的职责

—— 让部下能够顺利工作

要培育『能被委任工作的部下』。

1 对各位管理者的期许

我向许多日本企业的制造部门管理者请教他们的职责是什么，结果从股长到部长，皆千篇一律地回答我："凝聚所属部门全员的力量，改善安全、质量、交期、成本，以达成部门方针。"

这是日本特有的现象。欧美企业有所谓的职务说明，从员工刚进公司开始，每位员工的工作内容就有明确规定。因此当被询问"你的职责是什么"的时候，他们当然会依据职务说明上所记载的事项来回答。而像日本企业的管理者这样以相同答案作答的情形，其实非常少见。

日本企业的各部门会依照每个月的改善数据，集全体人员之力，将如果不努力就可能无法达成目标的视为重点项目，然后努力达成目标。所有企业均处在生死存亡的激烈竞争中，所以会强调重视数据的目标管理，而不是改善的过程与内容。

我认为日本企业就是基于这样的原因，才会从管理者到督导者，对职责内容都是相同的答案。

但即使如此强调目标管理，日本企业仍保有一大特征，就是管理者在发生问题的时候，会跨出自身职责的范围，其他部门也会理所当然地出面协助，共谋解决之道。虽然有人认为，社会上相互帮助的情怀、关怀体谅的胸襟、强大的团队力量、同事间的情谊等意识已变得薄弱，但日本的制造现场，仍然孜孜不倦地传承这些意识。这正是不用文书告知的"工作职责"，也是能达成目标的原因吧！

另一方面，现在许多企业因全球化而赴海外发展，在事业体经营者、管理者到海外赴任前给予其充分指导，变得越发重要。即将赴任海外之际，也应该更加重视透过日本的团队合作精神，形成的"凝聚全员力量"的优良企业文化。此外，在日本国内时就要开始指导，使其能够明确传达"各个职位的职责"，否则会对海外工厂的营运造成障碍。

我过去派驻在中国台湾期间，曾有当地技术员为筹设新的组装生产线，被派往东南亚出差。行前这位技术员问道："我的职责为何？我应该听从谁的指示工作？工作要做到什么程度才能回国？"

我随即指示其生产技术部门的上司调查清楚，然后答复该技术员的询问。离开日本开始肩负海外当地的经营重责时，我立刻了解到，与在海外工作的日本人相比，当地人有更强烈的职责意识。

　　丰田生产方式会强调平日要反复指导包括督导者在内的直接技能员，使其理解"标准作业""作业要领书""目视化管理""规则的明确化"等职责，对于管理者的指导相对较少。所以直接技能员大多比管理者能更充分地理解自己的职责。但管理者的工作职责，跟督导者、技能员的职责一样重要，甚至更加重要。

　　我在丰田汽车公司观察到，一般管理方式与"制造系统"的综合体，在不知不觉中已深烙在管理者身上，许多管理者都是自然而然地尽自己的职责。

　　我在丰田汽车工作期间，管理者的教育当然以全体人员为对象，而且花费了相当长的时间。但教育内容较为通用，虽然在任何部门皆能活用，但在我记忆中，并非全然适用于丰田的现场管理。

　　丰田生产方式的制造系统，强调无论如何都要让"物"快速流动，没有为异常准备的库存。而丰田汽车制造部门的管理者，为了以这样的制造系统来管理部门或课级单位的营运，自然必须处理最优先的事情。因为一旦发生不良，不仅会影响自己部门的生产线，还会在极短时间内影响相关零件加工线、总组装线，最终造成整个组装工厂停线。

总之，丰田汽车制造部门特别重视处置速度，所以为了能迅速处置所有不良，必须事前告知相关部门，何种不良该由哪个部门负责解决。

即使在平时，大部分管理者也认为，应该亲自到现场收集信息、确认完成品库存或"生产指示看板"的落后状况、确认作业者是否遵守标准，同时腾出时间防不良于未然。

一旦出现对整体影响巨大的不良，督导者在迅速向管理者报告的同时，要与相关部门共同采取应对当前情况的紧急对策，同时将不良的影响程度告知相关部门、预估对策完成的时间，还要将情况再次向管理者报告。管理者在这段时间必须在现场，与督导者、相关部门共同执行对策，在事态尚未扩大之前行动。

管理者经常身处风险中，也因此在不知不觉中熟习了与"制造的系统"相互结合的职责。也就是说，管理者为配合丰田生产方式的"物的流动系统"，会在不知不觉中尽到其职责。

人才配合着制度而行动，让人才在这种制造系统的生产线上获得培育，正是形成企业文化的最佳实例。发展能让人实际感受到工作价值的制度，以及让他在现场与生产线连动地工作，才是培育管理者与督导者的关键。

我想大家已经理解"制造的系统"的重要性了。之前也说明过"后工程领取、补充方式的生产线"，唯有通过这样的生产线，才能培育出持续改善，有危机管理能力、快速的复原力，能妥善管理生产线的出色的管理督导者，从而有助于实现充满活力的现场。

按理说，透过现场的日常工作培育人才或许是最佳方式。但某种程度上，必须有吻合丰田生产方式现场的、针对管理督导者职责的具普遍性的标准定义。

前言或许过于冗长，但为避免管理者与督导者对相同课题采取同样的作为，我特别提出三个重要项目，以说明"管理者的职责"。

2 为部下构建有利于推动"物的流动化"的环境

　　日本企业中的"管理者"一词会让人联想到，这个角色会对部下交付工作、确认部下的工作进度，如果成果不好会要求部下重做。具体来说，是让部下呈现所完成的工作，以进行各种确认，视情况让部下中止其工作。这不就是管理者的主要职责吗？大多数管理者自己也这么认为，认为这正是身为管理者应有的工作，是其存在的价值。

　　之所以演变至此，我认为或许是因为将英语的 Management 与 Manager，译成日语的"管理"与"管理者"，而使管理者认为管理就等于检视、确认，导致其工作与原本应尽的职责截然不同。Manage 一词有"顺利进行"的意思，Management 是"顺利进行的事情"，而管理者是"让部属能够顺利进行工作的人"。

　　管理者是透过部下获得成果的人，并非仅是确认部下所进行的工作，而是要倾注全力，思考如何才能让部下更快速、正确地进行工作。

在通过丰田生产方式营运的制造现场，管理者为了让能产生附加价值的部下缔造成果，必须竭尽全力于工厂里最重要的事——物的流动化上，也就是要减少停滞、检查与搬运，以增加"加工"的比例。

所谓管理者职责是指，为部下构建良好的环境，以利于推动物的流动化。

而"构建有利于推动物的流动化的环境"是什么意思？

虽然管理者也可以自己思考能促进"流动化"的设备，或钻研装置后委托他人制作，但以组织体制的形式来推动，工作才能更顺利，也才能激发出更多智慧，借此达到培育员工的效果。这样的培育，未来将成为极大的力量，可进行更大范围的改善。

在构建环境上更为重要的是负责检讨管理者所想的方针，并付诸实践的岗位。如果能充实执行改善的组织，透过由内部制作的方式，加速完成作业性更佳的改善，现场必定会因此提出更多改善方案，从而活跃工作人员，有效促进"流动化"。

请不要误解，并非进行了规划之后，就只需等待结果。务必确认是否能真正实践，有不明之处要进行说明，直到理解为止。当无法出现所预期的成果时，管理者应亲自参与，为达成目标而努力不懈。

接下来要介绍"构建有利于推动流动化环境"的具体事例。首先要依下列顺序，进行由管理者主导进行的"流动化"：

- 将工程间分离之处连接起来，使其成为一个流。
- 进一步连接更多台机器设备，让到完成品为止都成为一个流。
- 规划先进先出的完成品放置地，如果生产达到一天的必要数量，即停止加工。
- 依顺序开展到其他零组件生产线。

为能这样连接生产线，请先参阅第一章的"教诲6 班长是破坏标准的人"。大野先生的轨迹是，改善某一生产线的连接，当能精简出一个人时，即将最优秀的人抽离生产线，再活用这个人去连接下一条生产线。只要持续不断地将生产线连接起来，必能精简出更多人员，并随着"流动化"的推进，常设执行改善的组织。

请先从一条生产线开始，充分投入时间，确切地予以完成。完成了几条生产线后，也培育出了能制作简易装置的人。每当生产线改善完成，班长及改善班就会功力大增，也会视工作为一大乐事。

当然，这些都需要管理者的协助才能成功。管理者就应该这样，构建出一个可以推进"流动化"的环境与组织。这样一来，管理者也能将自己的业务委任给所构建的专任组织，令其致力于提升成果。制造部门的管理者工作原本就非常繁杂，新的课题会如涌泉般不断出现。将管理者的业务委任给部下，除了能提升管理者自身的工作质量，还可以借此提升被委任工作的部下的能力。培育能被委任的部下，并实际授权，也就能构建出充满活力的组织。

实施了流动化之后，会出现的问题与课题，即设备故障所造成的生产线停止。实施了一个流之后，你一定会惊讶于设备竟会发生这样的故障，而引起你的高度关注。

在这个阶段，应致力于构筑"有利于建立设备保全体制"的环境。因为如果设备接连不断地发生故障，会导致经营上的问题，所以必须针对故障采取保险措施（也就是库存），但又不能否定丰田生产方式。此时务必沉着、确切地推进工作。

如果将丰田生产方式与传统批量生产相比，物的流动速度高出数倍，为了赶上这样的速度，最重要的就是处置设备故障的速度。这一点同样不能依赖外包，务必集结企业内的力量，培养处置能力。

与设备故障同时出现的是质量问题。虽说是"出现"，但其实质量问题一直存在，只是被许多的库存隐藏，没有凸显出来而已。实际上，质量不良不仅让现场无法每天获利，更让现场人员汗流浃背地做不产生利润的工作。也就是在换模、更换刀具上花时间调整，加工出几个不良品之后，才做出符合标准的制品。我想如果能改善设备保全体制，就能解决这个问题。

实际上，物的流动速度并没有增加，只是因为没了安全库存，流动的距离变短了，而让人感觉到速度大幅加快。例如当缺货频繁发生时，大家就会认为问题比以前更难以解决。如果仍以现行的速度来解决问题，就会变得缓不济急，所以必须构建能够快速应对的环境。

体制大致构建完成后，紧接着就要减少设备停止，以及减少搬运。

减少设备停止的对策：

- 设备保全教育体制、故障履历调查体制、缩短换模时间。
- 预防保全体制、确立良品条件、设备尽早修理体制。

减少搬运作业的对策：

连接工程、补充方式生产线、变更工程布置、缩短工程的长度。

至此，陆陆续续出现了管理者构建环境的职责，但并不是所有职责都能同时进行，如之前多次谈到的，请一项一项地去构建。

在第一章教诲8中，也说明过"利益是流动化的红利"。换句话说，快速的物流，就是在执行输送高营养价值的血液、排出衰老废物的任务。

如果能实现工程内的一个流，就可期待血液流通至迄今无法畅通的末端微血管，让无法活动的部分也能动起来。

比起被上司指摘出不良后再去解决，不如构建流动化，由工作者发挥智慧与努力，让曾经发生的不良在不知不觉中被消灭。让现场的人员觉得，与其被上司说了才去做，不如自己注意到而去做，因为这样才能长期维持工作的干劲与热情。

在各组织中的管理者，务必持续努力让部下能顺利开展工作。换言之，所谓管理者的职责，就是努力让部下能顺利开展工作。

3 把权限转移给现场
——培育能担大任的督导者

在弥漫"现场习性"的制造第一线，往往存在着"委任给现场"的自我膨胀说法。在这样的职场中，管理者即使身处现场也完全无法置喙，如果得罪了现场，其工作就无法顺利进行。另外有关制造的事情只能完全委任给现场的情形也很常见。

而且，作业人员也并非全然用技术面的技能来制造，而是靠现物与通过经验累积出来的技能。

现在如果仍然仅是将工作"委任"给本来就不能委任的督导者，迟早会出现出下列问题：

1. 管理者无法了解现场——只好委任给现场。

2. 认为只要用数据与图表，就能做好现场管理——渐渐远离现地现物。

3. 当绩效无法提升时，就会提出不合理的目标。

4. 士气与热情低落。

5. 现场能力弱化。

也就是会，回到往昔的"委任给现场"状态。

接下来要阐述的"把权限转移给现场"，并非指回到过去的"委任给现场"。丰田生产方式的生产现场，如果不委任给现场，不仅无法让职场稳定营运，甚至可能根本无法实行丰田生产方式。

为此，除了必须想尽办法培育"能被委任的督导者"之外，还必须有稳定营运的生产线。其第一要务就是彻底的标准化，以明确区分"正常"与"异常"。

彻底的标准化

在制造现场，人、物、设备、工模具等，很少能够以完全相同的状态来生产。设备本身也会逐渐产生磨耗而变化，每天逐渐出现的变化更是不易掌握。就连作业者的身体状态，也会在上午、中午、下午出现变化。如果作业者自身有烦恼的事情，会更进一步造成问题。因此如果能针对上述各种生产要素，将异常控制在标准范围内，即使发生了问题，也很少会变成大麻烦，而能简单地加以解决。

总之，在制造现场虽有无数的变化点，但督导者不可能对此持续关注。因此，为让这无数的变化点不发生问题，首先要尽可能更广、更细地撒开"标准化之网"，内建以下几项标准：

教导与作业相关的标准

- 标准作业票——遵行督导者规定的作业。
- 作业指导书——记载工程顺序的手工作业相关内容，以及质量、安全、速度等重点。
- 作业要领书——这项标准书依其作业内容，分为好几种，例如换线换模作业要领书、交换刀具作业要领书、确认质量作业要领书等，用于复杂或重要的作业。

其他标准

- 生产管理板。
- 生产指示看板信箱。
- 呼叫行灯。
- 生产线各类粗形材栈板的放置位置与标识。
- 按零组件号码划分的完成品放置地标识。
- 各机器设备的预备品架子。

管理者必须要求督导者制定出标准，以构建完善体制，将异常控制在最小范围，并运用"目视化管理"，以方便确认是否遵守了标准。如果作业者根据标准书的规定，主动检视并发现异常，则可利用"呼叫行灯"通知并寻求支援，彻底执行"有异常即自动停止"的自働化观念。

此外，还应要求督导者，确认作业者是否按照标准进行作业。一般的作业者如果未能按照标准作业，则须持续予以教导，要求其根据标准来作业，并遵守标准。

从以上的内容可知，把权限转移给现场时的首要工作，是要运用"彻底的标准化"与"自働化"的观念，谋求"管理者与督导者之间信息的共享化"，来构筑"即使把工作委任出去了，也能掌握现场是否正在执行"的系统。

督导者应制订标准、确认标准是否被遵行
并在标准未被遵行时，教导部下遵行

这里所谓的督导者是指，管理者之下的直属组长。组长的部下是班长，班长的职责在第一章大野先生的"教诲6 班长是标准的破坏者"已有详细说明。虽然之前已经在大野先生的教诲中，详细介绍了丰田汽车班长职位的产生过程与职责，但因其非常重要，故再次加以阐述。

大野先生会让优秀的技能员开展改善，当改善至可以精简人员时，将该优秀者调出生产线，再由其执行进一步的改善业务。调至生产线外的人成为班长，即居于与现场改善的人同样的位置。但如今的生产线外者，与班长的运用方法有相当大的出入。我确信应该重视过去班长形成的过程，无论如何都应配备可促进改善的线外者。

"标准的破坏者"的说法虽然有些夸张，但班长的确是持续追求更好方法的人。

班长是生产线的统合者、主将，对有技能与经验的班长，没有必要啰唆现场的细节。与管理者与督导者相比，班长必须不断地直接面对现场发生的事情，所以相当了解现场。因此可以暂时不管他们已熟知的现场细节，教导下述的改善观点即可：

●促进流动化：物的停滞，是由换线换模，更换工具、频繁的小停线等造成的。如果能消除这些造成停滞的原因，就能减少停滞，从而促进流动化。

●让作业者能更轻松作业（作业姿势）。

●使工模具能更耐用（使用年限）。

班长是组长所制定的标准的破坏（改善）者

教导督导者，发生异常时应如何因应

即使运用了标准化与自働化，也建构了稳定的现场，但仍不能就此完全放心。

前文曾介绍过，丰田汽车的生产制造线，绝大部分是"后工程领取、补充生产方式"。

看板分为领取看板、生产指示看板两种，丰田汽车使用这两种看板，从最终的组装回到最初的粗形材部门，将所有生产线都用看板连接起来。整个工厂的工程间、工程内完成品的库存，明显比批量生产的企业少了许多，所以如果有任何一处的看板领取停顿了，向上游工程生产线的领取也会迅速停止。这就是看板的自働化。

因为前工程只要发生不良，转瞬间就会影响到后工程，所以对制造部管理者的业务要求可以说相当严苛。如果所有问题都由管理者自己来应对，不论有多少时间也不够用。

生产线如果基于丰田生产方式的观念，根据流动化与看板方式，以少量库存运作，那么当工程发生异常或无法预期的故障时，就会造成前后工程停线，影响将会迅速蔓延开来。

督导者如果能在问题发生初期，迅速采取相应的对策，让状况局限在小范围内，的确可以让人见识到他的能力。但仅靠督导者的个人能力，是无法让人放心的。而且问题并非只有这些，因为实施后工程领取，所有和后工程相关的不良信息，都会直接回馈给前工程现场，而不是通过管理者。

管理者接获生产线督导者的报告时，大多尚未确认后工程的情况。如果督导者就此等着管理者的指示，然后再行动，那就太迟了。

督导者接到后工程传来的信息，如果已确认为自己工程的不良，在立即采取应对措施的同时，也要向管理者报告处置内容与对后工程造成的困扰程度。

如果是制品的不良，督导者首先必须指示部下，确认完成品店面（Store）中完成品的质量。督导者应亲自向管理者报告不良信息，以及对后工程追踪调查的情形，并立刻前往后工程，确认不良流至何处。在出现连续相同的不良时，也应将至今发生的不良品全数回收，包括自己部门内的不良品。管理者则必须根据部下的信息，与后工程、生产管理部门协调，决定变更生产顺序等事项。

管理者一个人的行动范围，以及所能解决的问题，终究有限。但如果能以多年历练的经验来指导部下，例如教导发生异常时应如何行动，即所谓"异常发生时的行动基准"，让督导者能根据正确的判断来采取行动，那么组织就能进一步提高异常发生时的应变能力。

因此，培育督导者，使其与管理者有了相同想法、行动力，就可以放心地让大范围的现场"顺利进行"。教导部下进行异常处置，培育能如管理者般行动的督导者，这也就是丰田生产方式所说的"把权限转移给现场"，即"培育能担大任的督导者"。

管理者培育部下，不能说是等于"让部下执行超出其权限的事"，而应该是"共同作业"。但以结果来说，这种教育方式可以说是管理者的角色扮演吧！

大野先生曾说："在时刻变化的制造现场，构建好自律神经机制。"我认为，所谓"把权限转移给部下"，可以说与大野先生的说法是相通的。

将异常信息共享化

管理者并非只是培育部下就好了，还要掌握现场所发生的实际情况，也就是说不能光委任就了事。

例如，设置行灯或看板张数、店面（Store）中的制品数量、记录生产管理板等，这些都是信息共享化的道具，除要运用这些道具达到目视化外，更应加以活用，使管理者与督导者，甚至与作业者之间，产生"对话"。仅做到"看得到"是不够的。

例如，督导者一小时确认一次生产线的生产管理板，与作业者讨论作业成绩，鼓励作业者反省过去一小时的成绩，并努力从事接下来的一小时的工作。重复累积这样的对话，除了可以交换有用的信息，还可激发出令人刮目相看的改善。

从现场能立即获取详细的信息，如果是使用自动显示的数字化生产管理板，绝对无法通过对话找出改善良策。因为你无法听到现场的说法，只看到数字，即使现场报告了"不可以、行不通"，也很难记得是什么时候、发生了什么问题。这样的作法，无法连接到改善。

此外，也请管理者活用此处列举的行灯、看板、完成品店面等道具，进行"对话"，努力收集信息。有关完成品店面的功用，将在之后"构建能激发干劲、维持干劲的生产线"一节里详细阐述。

把权限转移给现场，即为培育能被授权的督导者，共享现场的异常信息。

4 构建能激发干劲、维持干劲的生产线

对管理者来说，再也没有比部下充满干劲更令人高兴的事了。

如果要维持干劲，什么样的管理方式才有效？除了让部下思考、阅读书籍，以及接受教育，我认为给予部下正确的评价、激起其动机、让其了解自己正在接受培育，表现优异时予以赞美等，也极其重要。说起来简单，但要让每个人都能有这样的想法非常困难。

我过去曾和部下亲切地打招呼、闲话家常，询问部下："现在做的工作，有什么让你感到困扰的？"

这样的随口一问，造成的严重的差错，至今让我无法忘怀。

我询问了正在质量确认台使用量规检查的作业者："如何？近来换线作业后的调整时间，是否已减少了？"他告诉我许多真心话，我说了声"谢谢"就离开了。但当天下午，他所在的工程便发生了质量不良。

对于此事，我推测，大概是因为很少有主管像这样跟他寒

暄，因此他相当在意自己的回答是否恰当，之后在工作中就一直惦记着这事情。原因恐怕正是如此吧！我原本是为了激发其干劲，却反而让他因此出错而非常懊恼。

之前在"经营者的职责"中也曾提过，经营者可以在现场观察，但请不要问作业者任何事情，这就是来自那时候的反省。虽说"微笑、拍拍肩膀"可因人而异，但最好还是不要轻易这么做。

另外有一次，在底盘组装的混流生产线中，负责导入新设计组件的技术员，道出了他的不满："虽然在几种组件中，只有一种变更为新的设计，但如果不全部调查，就无法进行改造。结果花了时间，却受限于旧的组件，使得我们几乎无法将新的做法导入完成的生产线中，所以生产力也无法提高。只做到可以生产新的组件而已，生产线上几乎看不到任何精进之处。"

督导者也为此发出了不满的抱怨："必须想办法在生产其他旧组件的夹具上，生产新组件，在作业上仍有许多不便。"

而负责设备改造的生产技术员，以及今后使用该设备的制造现场，看到设备会变得如此复杂，想必对它也不会有好脸色吧！

如果能了解"能激发干劲的生产线""能激发干劲的系统"是什么意义，就能对良好的管理方式产生加分效果。传统意义上，只要先有好的管理方式，干劲就会被激发，但那样的方法很难维持。如果先有能激发干劲的生产线，就能如你所愿。和后工程领取的做法一样，只是想法的转变，就会有不同的结果。

因此请思考：能激发干劲的生产线，应该具备哪些条件？

不论是谁，在工作上都会期待"能够知道自己做得比其他人更好，并因此获得他人的好评"。生产线、系统要能够反映这种心情，必须包括以下非常浅显易懂的特性：

- 努力程度容易了解
- 成果看得见
- 效果容易展现

实际上，丰田生产方式的生产线、系统，就具备这样的特性。可视化与目视管理、异常管理、补充方式、节拍时间制造、定量搬运、及时化、一个流、吊桶方式（来料加工）、水蜘蛛搬运等，在构思时几乎都是以容易了解为前提的。这些道具都有提示异常的功能，让生产线可以具有下列特性：

- 能够早期发现异常
- 减少库存

●缩短前置时间

●培育人才

下面分别阐述包含这些极佳想法的生产线、系统，这些优异的管理方式可以为管理者所用，也可享受数倍的增值效果。同时，持续构建更能激发干劲的生产线，也是诸位管理者的职责。

后工程领取、补充方式的生产线

前文已多次阐述，丰田生产方式中最重要之处，在于构建物的流动。但仅仅构建物的流动还是不够，应正确实施"后工程领取、补充方式"，抑制制造过多，才能开始实现及时化（如图3所示）。

管理者将店面（Store、Supermarket）委任给督导者，督导者就相当于店长，也就是负责经营店面的人。

请审视店面状态，从完成品库存的数量，不仅能够了解管理者、督导者的实力，也能掌握其对工作的企图心。工程的人、物与设备，如果潜藏着什么问题，就必须持有较多库存才能运作。反之，当库存变少时，就可看出改善在顺利进行着。

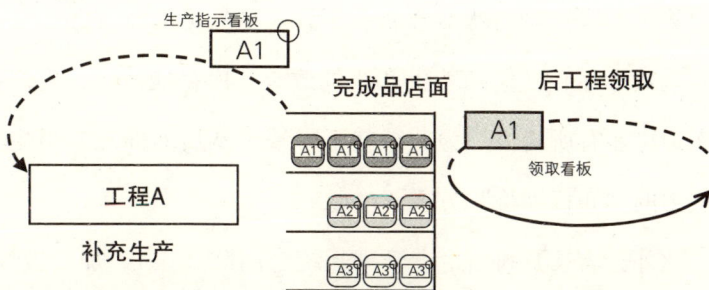

从完成品店面的库存状态，能够了解管理者、督导者的努力程度

图3　补充方式

店面能忠实呈现出生产线的督导者及其所属的作业者，实力是优是劣。因为无论是谁都一眼就能看出其实力，所以大家都会有不能输给其他生产线的想法，而全力以赴。

部门与各课级单位之间的实力或许相同，但因管理方式不同，实际发挥出来的能力就会有极大差异，店面可以简单明了地告诉你这件事。我在参访企业时，都会先从店面看起，光是这样就足以了解大部分的事情。从店面的状况，也可以了解部门经理与课长对工作的企图心。

当然，也因为是后工程领取，所以店面不只会表现出自工程的问题，也包含后工程的问题。要改正这种情形，则有赖于管理督导者的领导能力、技能，以及协调相关部门的能力。

重要的是，管理者与督导者如果能了解店面管理不善的话，代表他们将自己的无能、缺乏干劲公告周知，也暴露了自己的实力不足，这样他们就不会放手不管。虽然可能没有办法从一开始就减少库存，但随着生产线的改善，库存能减少，生产线的实力也能有所提升。为此，就不可缺少从店面即能看出生产线实力的"正确评价"方式。

此外，店长要利用生产管理板统合团队（组），加以教导、培育、激励，以构建攻守俱佳的制造团队。让大家知道，我们即使只有少量的完成品库存，也能营运自如。由于大家的成长，库存减少的数量就等同于团队成员的成长。而这样的自信，将驱动下一个改善。

改善前的完成品库存，会因改善而减少，而所减少的数量，就会变成"财库"。激发管理督导者、技术员、技能员的干劲与热情，转换成管理督导者的能力、技术力与技能力，这也将成为企业的财产，即所谓的"财库"。

希望各位能够利用这样的财库，开创"始终引领时代"的技术与技能，在竞争中克敌制胜。

只要查看线边的生产管理板，即可详细掌握店面的库存减少了多少、有了多少财库。因此，请每隔一小时就与作业者对话，听取作业者的实绩，并让其检讨过去一小时的工作，激励其在下一小时继续努力。通过这样的对话累积，将启发更多优异的改善事例。

自动显示的数字化生产管理板，无法进行对话，所以绝对无法从实际发生的不良中激发出改善，这点在此不再赘述。管理者不需要问为何能够改善，只要能每小时通过生产管理板来对话，掌握每日的活动，并鼓励大家未来好好努力，其实就已经足够，周围的店长们也必定能体会到。通过生产管理板的对话，全体人员都会认真开展。

　　虽然很多现场认为，记录生产管理板的时间是浪费，用以记录的时间会使现场少生产一个，因而采用了电子揭示的方式，但如果是心存人情味、温暖的管理，即使须花时间记录，也不是问题。(如图4、图5所示)

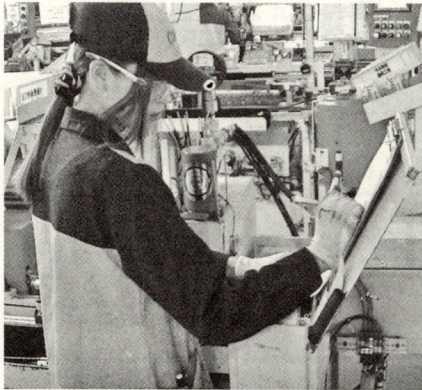

作业者记录生产管理板的时间并非浪费，借此与管理者、督导者进行的对话，是激发改善的原动力

图4　记录生产管理板的情形

每日必要数量		450条/日	节拍时间（T/T）	60秒/条

时间 （生产时间）	目标生产数 目标数／累积	实绩数／累积	备注	呼叫次数 （正）	督导者确认
8:40—9:30 （50分钟）	50／50	48／48	自主保养后8:40开始		水野 ✓
9:30—10:40 （60分钟）	60／110	58／106	*小休10分钟（10:00—10:10） 外盖末端插入时钢丝散开 弹簧供给错误	正	水野 ✓
10:40—11:40 （60分钟）	60／170	60／222			水野 ✓
11:40—13:25 （60分钟）	60／230	56／222	*午休45分钟（12:00—12:45） 因外盖保养修理而停线	正	水野 ✓
13:25—14:25 （60分钟）	60／290	60／282			水野 ✓
14:25—15:35 （60分钟）	60／350	57／339	*小休10分钟（15:00—15:10） 流动长度太短	一	水野 ✓
15:35—16:35 （60分钟）	60／410	56／395	流动长度太短	下	水野 ✓
16:35—17:15 （40分钟）	40／450	32／427	*5~10分钟（17:15—17:25） 流动长度太短 更换润滑油（水野）	下	水野 ✓
17:15—加班 （　分钟）	／	23／450	加班30分钟		水野 ✓
停线项目	1.换线、调整（包括更换材料）　4.计划性停线（品管圈活动、其他会议等） 2.应对发生不良的停线　　　　5.没有看板的停线 3.频繁发生的停线、设备故障、保养修理			不良数量：	

督导者在生产管理板前确认的同时，如果能与作业者进行对话，并予以鼓励，将能激发其工作干劲与热情

图5　A生产线的生产管理板

管理者与督导者之间在店面前讨论库存的对话，以及督导者与作业者在生产管理板前的对话，可以使"后工程领取"这项绝佳系统，在管理督导者有活力的管理方式中复苏过来。然后，请努力构建充满活力的现场。

补充方式的专用生产线

专用生产线与补充方式生产线相同，都是由后工程领取，用取下的看板来指示生产。顾名思义，"专用"就是指生产一种制品或零组件的生产线。

如果要论专用线与通用线的定义，那么车种相异的两个种类以上制品，需要换线生产即为通用线。

到底要实行专用线还是通用线，可在构建生产线时，视其优缺点而定，但是一般同车种而齿轮的齿数不同，或同车种而轴径不同的制品，几乎都是在同一条生产线生产。然而，如果问这样是否为通用线，答案则是否定的。因为它是相同车种，虽然制品有部分差异，但可以使用相同的节拍时间来生产，即使一开始无法在同一生产线生产，也能在增加设备后，在同一条生产线生产。

在丰田方式中，有所谓的"节拍时间制造"。节拍时间是根据每日必要生产数，决定生产一个产品所需要的时间。节拍时间也是标准作业的三要素之一（其余两项为作业顺序与标准手持量），并非仅用于规划每个月的人员计划，也用在生产线的营运上，达到全工厂和谐的平准化。这是丰田生产方式中，最受重视的概念。

因为车种相同时，节拍时间也会相同，因此如果这些零组件集中到同一生产线，一直到最终组装线为止，都能以相同节拍时间生产，按车种划分的生产线就成为可能。

专用线的优点在于简单明了

- 由单功能设备构成的最小投资生产线

- 设备简易，没有不必要的功能，因此故障少

- 设备紧凑，空间效率佳

- 不用进行换线，质量稳定

- 通过改善能实现比较简单的自働化，以提升生产力

- 提升改善的技能

- 前置时间短

专用线的关键

- 要使用简单（Simple）、小型（Slim）、紧凑（Compact）、

便宜（Cheap）的设备

要实现专用线，设备就必须内制化，我所主张的内制化，包括以下想法。

技术革新的核心，当然要在公司内部开发。如果所开发出的前所未有的新设备，也能在公司内部制作出来，那么其过人之处将更能充分发挥。

内制化的长处并非仅是如此。每一次制作的同时，都加进了技法匠心，这也是设备能够进化的原因。这对于与生产技术相关的工程师而言，也可提高其工作动机，最终实现"简单、小型、紧凑、便宜"的设备。以下试着将此观念，与通用线做个比较。

一般认为，冲压线、铸造线、锻造线、树脂成形线等，理所当然会采用通用线。当然，也没有经营者会为了专用线，使用整套数百万至数千万日元的昂贵设备。

如果问我，专用线与通用线哪个为佳，那么就如同我在"节拍时间制造"中所说明的，专用生产线一定比较好。但可悲的是，现在仍残存着许多通用线，而理由不外乎是没有专用线的技术、设备等。是不是几乎所有人都认为，那是理所当然的做法？

我任职于丰田汽车总公司工厂机械部技术员室的时候，如果使用通用（混流）线，就需要以看板为单位换线作为前提，来规划生产线。通用生产线的评估与投资决定，并非与专用生产线相比较，而应从设备投资效率与技术课题来考虑，须视其为经营的问题。

如果说目前技术上非大型设备，就无可对应的流程，那自然另当别论。但是我确信，我们迟早能通过加工方式的变革（革新），构建出简易的生产线。众所周知，早就有许多设备已经成功实现小型化了。

专用生产线的进一步发展

企业能够开发出小型化设备，发表划时代的成果，多半是因为能迅速推动设备内制化。

为了推动内制化，生产技术的工程师会学习新工法，拼命贯彻到底。管理者应全力支持与鼓励，直到工程师完成设备。工程师有时应向经营者报告他们努力的过程，让经营者了解，他们是如何铆足全力，向完成内制化设备迈进的。经营者与管理者不必太介入细节，只要以"请各位加油哦！期盼各位努力工作！"的话来鼓励即可。

经营者如果询问："这个调查过了吗？这么做的话会如何？"工程师就会认为经营者已经下达了指示，所以不得不再做一些本来已经不必做的事情。光是如此，就会耽误掉整个开发工作。

"年轻人很优秀，是能够委任工作给他们的哦！"

这能让年轻人有"自己也能做得到"的存在价值，这也是公司的财产。

虽然已经有专业厂商，将加工的技术予以革新，以划时代的方法缩短了前置时间，但仍必须大幅降低制造成本。通过设备革新来锐减制造成本，也是可行的吧！

特定制品的专业厂商，会尽可能将相同制品名、不同节拍时间的零组件，放在同一混流生产线，以非常快的速度来生产。每当出现新的零件（或制品），就须对生产线进行改造，在设备能力不足之处增加设备，导致变成复杂的生产线。我认为，增加了新制品、新零件的数量，制造成本虽然可以更便宜，但这种做法只会让人愈陷愈深，终将无法自拔。

然而随着时间的推移，设备变得陈旧，生产线的连接处亦会磨损，设备迟早必须报废、更新，需要巨额投资的日子必定会到来。我就有这样的亲身经验，为了在这样的生产线导入新制品或零件，殚精竭虑，却完全感受不到工作的干劲与热情。

如果是新制品、新零件，那请务必让年轻技术者进行体验，获得由用最新设备、装置与系统制造带来的喜悦，有此经验后，他们就会想在下一条生产线里，投入更新的技术与构思。

　　但另一方面，技术者动辄会陷入迷思，想使用市场上最新锐的设备来构建生产线。管理者不应变成这样，而应以简单、小型、紧凑、便宜及缩短前置时间为关键词，鼓励技术者持续构建生产线，让制造的水平能随着新生产线提升，并回味其成果。

　　"这次有什么事情成功了?""完成了什么?"等话题，如果能在公司内相互流传，还有什么比这更令人快乐的吗?

整流化

　　从前在银行、饭店、购票等柜台和窗口，依序排队等候时，如果有三个窗口，就会各自排成三列，现在则是排成一列，再依顺序往空的窗口前进。在各个窗口排队的时期，如果排在前面的人过了好久也结束不了，自己这排前进得比其他排慢的话，我们就会感叹自己运气差。如今那样的事已不会发生，已经顺畅多了。

　　这种只排一列、复数窗口的方式，表面上看来比过去好，实际上只是一个窗口的落后被其他窗口分担而已，全体处理速度并没有加快，所以不能说是解决了根本问题。不仅如此，也会因此无法清楚看出落后的原因，到底是窗口工作人员的处理不当，还是顾客方面的问题。

虽然落后较多时，仍会有人来帮忙，但这种方式乍看有管理，实际上是没有管理，问题并没有得到任何解决。

顾客消除了"隔壁列的速度较快"的失望、焦躁的情绪，但实际上很难察觉平均等待时间并没有缩短，甚至变得更长。如果从窗口工作人员的立场来思考，无论多么努力去挽回落后，还是看不见个人的努力程度，因而无法被评价（为方便起见，本书以"排一列、复数窗口"的方式叙述，但这并非正式用词）。

我认为在制造领域，不仅最好不要采用这种方式，更应视之为禁忌。但遗憾的是，有人认为这是好方法，并在多数企业内实施。长期持续下去的话，不仅会影响到生产线，还会对生产线间的人际关系造成障碍。

接下来我以实际制造的生产线事例，来说明这种方式为什么不适合制造领域（如图6所示）。

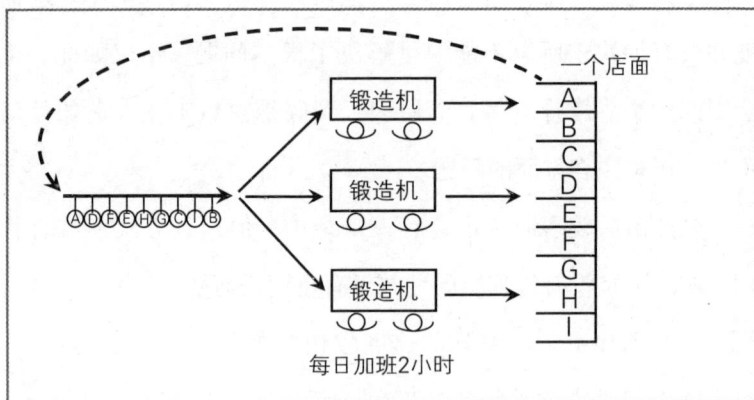

一个店面

锻造机

A B C D E F G H I

每日加班2小时

整流化

按生产线划分的店面
A B C

锻造机

按生产线划分的店面
D E F

锻造机

按生产线划分的店面
G H I

改善后可准时下班

如果能区分成按生产线划分的店面，各生产线的努力能一目了然，并可激发出员工干劲

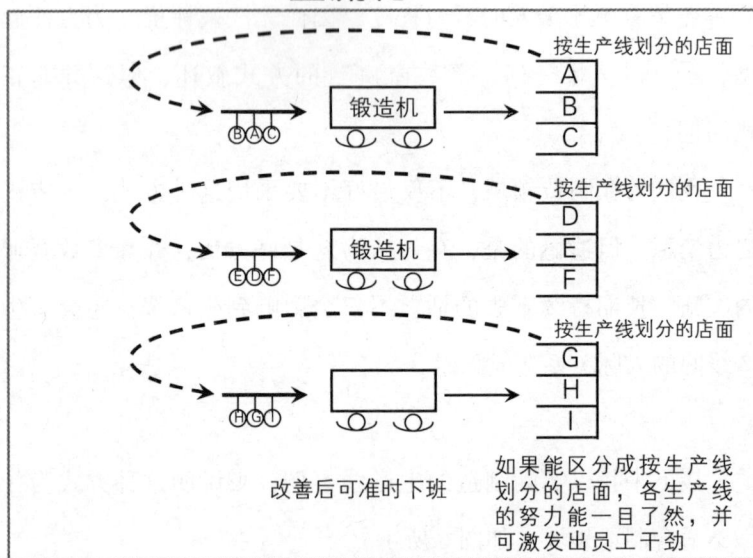

图6　实施整流化的途径

有三条生产线可以生产相同制品，各生产线由两名作业者来生产制品，在变更制品时必须进行换线作业。

当某制品生产结束后，作业者会由排在最前面的一张生产指示看板得知要生产下一项制品。如果某一生产线落后了，就会造成其他生产线的负担，也会影响整体的生产数量（在这种情形下，生产数量就降低了）。

这种"排成一列的生产指示看板"，就相当于之前说明的在复数窗口前排成一列等待的顾客。

当一条生产线落后或因异常而停线，生产指示看板就会集中至其他生产线。运作正常的生产线越努力，生产指示看板就越集中过来。因为全体的生产能力已减少至原来的三分之二，能力减少的部分会造成生产的落后，最终只有用加班来挽回落后的部分。即使不是整日停线，当频繁发生多次小停线或不良时，相应地，生产还是会落后。

问题不仅如此，作业者只要观察排列的看板，就能知道哪些制品容易做、哪些不容易做或麻烦，于是总会想要逃避连续制造困难的制品，结果造成三条生产线每日都须加班两小时。

因此，在丰田方式中的"零件制造一览表"，事前就决定了各生产线的制品，看板由一列变成为三列，完成品放置地也区隔开来，转眼之间就能获得改善，从而减少加班。而"今天支援了别的生产线两张看板"，也能记录在交接簿中。

这样可对各自的困难、麻烦制品进一步相互检讨，也可让困难的制品换线作业，在短时间内完成改善。也就是说，这样的生产系统有以下几个重点：

- 能知道努力的程度
- 能知道各生产线的产量
- 能引导其改善

不过，重点并非鼓励相互竞争。每个人都希望让他人知道，自己比其他生产线更为熟练。构建能表现出这种想法的机制，就能产生改善的企图心，使其相互切磋琢磨，激发出持续的干劲，这样就能源源不断地完成改善。这种时候特别会让我感受到，团队合作正是永续的日本制造技术之优越所在。

召集众多参访者见证这条生产线的成果，也可以影响其他生产线，达到更广泛的效果。这在丰田生产方式中称为整流化，事前就决定好各生产线的制品，因此能显现出各生产线的实力、流动状况和改善作为。此外请勿忘记，要活用前述的"生产管理板"。

让管理在系统中血脉畅通，部下就能充分发挥现场力、技术力、改善力，以及团队合作的力量，从而构建出高效的工作现场。

多次领取

顾客送进公司的"交货看板"，对公司而言就是生产指示所依据的信息。公司应该如何使用顾客送来的交货看板，使其有助于改善？以下阐述一下基本的想法与其运用。

首先会想到，依各交货卡车趟次集中，对一起被送进来的自公司的看板依零件号码分别进行整理，再依顺序生产。

丰田最初开始指导供货商看板方式的时候，几乎所有供货商都想当然地采取这种模块生产方式。我想即使是现在，某些地方仍在使用这种方法。

这种方法被称为"趟次单位生产"。配合交货卡车的趟次集中生产，集中搬运至出货准备地以备领取，最后再装上前来领取的卡车，即为所谓的"趟次领取"。

公司的制造生产线将送进来的同一批看板，依各零件号码整理并指示生产，就是在实行批量生产或模块生产。

从完成品的店面（放置地）集中领取至出货准备地之后，库存量就会变少，而在下次再来领取前，库存又会大量堆积。

这种做法很难做到之前说过的"从完成品店面的状态，能够了解督导者的努力程度"。也就是说，在这样的生产线中，即使努力也没有收获，无法被正确评价。

还有一种作法，不同于这种"集中领取、集中生产"的方式，就是用领取看板一张一张地领取完成品，并依照领取的顺序，用生产指示看板一张一张指示生产。现在的丰田集团，随着物流的改善，已经构建完成了一张一张领取的作法，这种方式称为"多次领取"。

如果只对一条生产线，以一张看板为单位进行领取，是没有效率的。因此，应该由一位搬运作业者负责数条制造生产线，而定时搬运的理货台车，则以十至十五分钟的周期，在工厂内行驶，将各生产线的完成品装上台车，这就如同至各生产线领取。

搬运作业者从生产线的店面领取完成品时，会取出附在完成品箱上的"生产指示看板"，将之归还给制造的生产线。制造的生产线则按照所归还的生产指示看板，依顺序生产。

如前所述，虽然由顾客送进公司的看板，是以卡车趟次为单位一起送进来的，但对一起送进来的看板重新调整顺序，宛如一张一张地去领取，这就是所谓多次领取。

为了实行这种以一张看板为最小单位的生产指示，制造生产线的设备也必须改善，达到能以一张看板为单位进行换线的水平。

如果已费尽心力地达到了目前的程度，也就是说设置了生产管理板，同时经由督导者与作业者每隔一小时进行的对话，进一步实施改善，达到了少量的完成品库存，那么就进一步去了解为何可以做得到，以及改善了什么地方，并且确切地进行评价。如果不如此，将无以回报辛苦进行多次领取的搬运作业者。

多次领取还有许多其他效果，如时时刻刻了解生产线的实力、督导者的实力。了解督导者的努力程度，是有其深意的，如此能激发出干劲，持续进行生产线的改善。

如果仅是教导"请多次领取"并放手让作业者去做，而没有正确检视各生产线的努力程度，那么即使实施了多次领取，也只能得到减少完成品店面库存的效果。切勿忘记，实施多次领取的意义也在于激发督导者与作业者的干劲。

此外，企业如果仍在实施趟次领取方式，等于是置督导者与作业者的努力于不顾。为使自己与他人都一目了然，了解大家的努力程度，并借此激发出"要做得更好"的干劲与有意义的改善，我建议变更为多次领取。

第四章——

派驻海外经营者的职责

尊重对方，你就会深得信赖。

我为到海外据点赴任的经营者，提供了几个建议方案。

希望不论是名义上还是实质上，不论是公司内还是公司外，都能成功推进丰田生产方式的经营管理。

首先，我想推荐有多次海外出差经验，认为对该国有相当程度了解的人，阅览这个章节。有海外出差经验或在海外短期停留过的人，读后能有更深入的理解。

曾有人说，自信的人却往往进行得不是很顺利。因为出差者多被视为客人，由于不会长久停留，出差地的公司员工即使不以为然，也会忍耐一下，并尽可能用好的姿态应对出差者。因此，出差时感到很顺利、"被奉为座上宾"的经验，和实际驻在当地的职场经验不能混为一谈。

再者，即使你对当地语言没有自信，且感到不便，如果能理解"日本人心性"，将比较能理解和当地国之间的差异，能让您被信赖。

有人说："日本的常识并不是世界的常识。"虽然这是极端的说法，但事实上，本国与他国的差异，确实比你想象得还要多。这并不是要你全面入乡随俗，但如果不和当地人培养关系、共同协力合作，反而花费心思让对方理解自己，是行不通的。接下来以十一个项目，分述在异国完成工作的方法。

1 向外派各国的经营者、有外派经验者取经

一旦决定到海外赴任，就请先去拜访曾被外派海外的经营者吧！这样能获得许多今后可以用到的信息。这是理所当然的事，想必有许多赴任者也会这样做。

然而更重要的是，要听听有被外派到其他国家工作的经营者的经验。你会听到和外派国完全不同的注意事项。因为国别不同就有这么多的差异，是否让你吃惊了？这是因为国家不同，制度也会有所差异。

首先，法律只规范要遵守的最基本事项。在法律之上，还会有经年累月积习成俗的习惯。即使法律上没有明文规定，仍有许多你不能违反的社会潜规则。例如，有的国家用手指比出OK的姿势，却会导致严重事态。又例如参加婚礼时，依照日本习惯，结婚礼金包奇数，却被误认为没有礼貌。出发点是善意的，却被误会，这实在令人痛苦。

接下来要谈的内容，并不是要让赴任者担心，但请各位多多请教有相关经验的人，以了解本国和其他国家的差异点。

可能的话，请了解这些不同从何而来，为什么会有这样的风俗或习惯，是否已成为大家公认的行事准则，如此一来，自然而然就能理解他们的思考方式。

如果刚赴任的经营者能被认为品格好而获得尊敬，会直接影响外界对公司整体的评价。因为派驻时间大多是三年到五年，因此给予周围人的第一印象非常重要。

2 将海外工厂的经营想象为三层楼房

听取了经营者们的珍贵的经验谈和建议，整理出"可做"与"不可做"的事项后，在即将前往海外赴任时，请试着提醒自己，把"在海外的经营想象成三层楼房"（如图7所示）。

这是我从曾派驻海外的经营者身上学到的，请务必将它放在心上。

如果想要改变第一层楼，光是让人接受自己都已经非常困难。举例来说，多数美国人都视"自由"为最高价值，而日本人则是嘉许"以和为贵""出手相助"等团队成果。在日本人的沟通方式里，更有所谓的"尽在不言中"，以心传心的沟通方式。在日本人眼里，视自由为最高价值的美式作风，反映的是"个人主义""契约社会"。反之，以"和"作为价值基准的日式做法，则让美国人难以接受。

在这样的环境里，如果将"以和为贵"的价值观作为先决条件，便无法顺利导入丰田生产方式。也就是，如果认为不植入日式"以和为贵"的职场文化，将根本无法施行丰田方式，

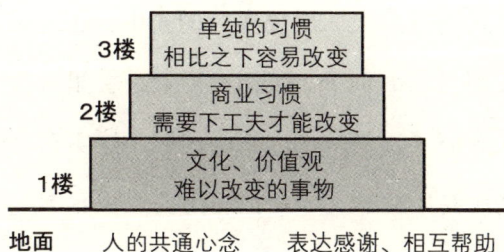

	3楼	单纯的习惯 相比之下容易改变
	2楼	商业习惯 需要下工夫才能改变
	1楼	文化、价值观 难以改变的事物

地面　　　人的共通心念　　　表达感谢、相互帮助

想像成三层楼房——丰田式及美国社会

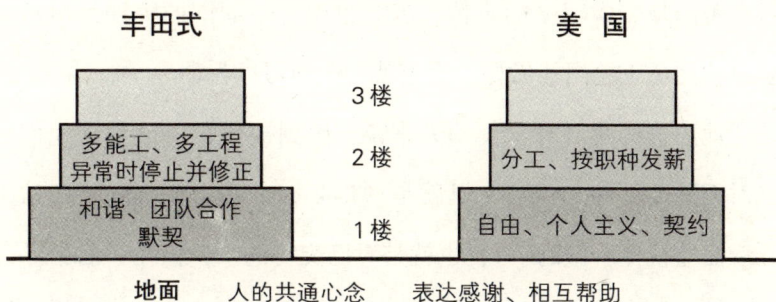

丰田式　　　　　　　　　　　　　美　国

丰田式		美国
	3楼	
多能工、多工程 异常时停止并修正	2楼	分工、按职种发薪
和谐、团队合作 默契	1楼	自由、个人主义、契约

地面　　　人的共通心念　　　表达感谢、相互帮助

图7　将海外工厂的经营想象为三层楼房

因而强迫他人改变文化价值观，这会造成属于第一层楼的问题，无论花多少时间都很难改变，最终将无法导入丰田方式。

同样的道理，对轮岗和多能工化，即使不去改变一楼，只要愿意下工夫，二楼是能够改变的。非常重要的是，要对当地人仔细说明，并聆听当地人的做法和想法，再一个个地去试行。

告诉我"可以想象成三层楼房"的先生，还说明了把轮岗制度生根到美国当地的例子。美国的商业社会里，竞争的两人如果其中一人升职了，另外一人就会辞职，这实在是非常遗憾又可惜的事情。要如何做，才能把轮岗变成像日本一样自然的职场风气？

询问过美国当地管理者后，他建议"让愿意轮岗的人举手，或许是不错的做法"。如他建议般，我找出自愿轮岗的管理者，将他轮岗到其他职位，而且想尽办法让他可以继续发挥才能。这在美国是非常罕见的事情，因此也引起了周围的关注，但只要最初的员工轮岗能做好，大家就会渐渐习以为常。

他还告诉我，对于美国人来说，感到被监视，也是让他们绝对无法接受的。在英文里就是"look over one's shoulder"（站在后面监视他所做的事），也就是对已交待的事，仍在后面指导的意思。再者，隐私绝对不能过问，这是属于第一层楼的领域，凭着日本人的感觉随意侵犯隐私是行不通的。

另外，我认为美国的"职务分类"是构建流动的生产系统时的一大障碍。美国的汽车组装工厂有许多职种，一般常识是薪水会依职种的不同而有差异。在这样的情况下，即使对他们说了多能工化和同时做多工程的必要性，也难以实现。

多能工化是实现构建流动的生产系统时不可或缺的，因此他对美国当地管理者说明了多次，最后终于说服他们减少职种，接着规划了特别的劳务管理制度。

把一有异常就立即停止生产线的观念生根到美国文化里，也是非常困难的事。作业者都知道，停止生产线会产生巨大损失，这对他们来说是十分恐怖的事情。这位先生费了很大工夫让美国员工理解，即使把生产线停下来也不会丢掉饭碗，其目的是让发生的问题能够向上呈报。

再者，即使因生产台数变动，工作内容有所增减，基本薪资还是维持不变，这个做法也让美国的作业者无法轻易接受（当然加班的话会有加班费）。要脱离"做得越多领得越多"的观念并不容易，大野先生在日本昭和二十年（一九四五年），就曾为此大吃苦头。要改变美国制造业现场维持已久的做法，不断的详细说明和工夫是绝不可欠缺的。

"职务分类"和"异常发生时停止生产线"是属于二楼的部分。虽然改变是十分困难的事，但只要肯在做法上下工夫，就能见到成效。所谓下工夫并不是一味地强制当地人接受，重要的是要仔细听取当地员工的意见，然后引导他们想出好的点子。

为此，一定要确保当地干部能够正确理解你的想法，除了口头仔细说明理论外，还要辅以容易理解的例子，相互运用，这才是最理想的方法！关于这个方法，后文还会详谈。

像这样以三层楼房来思考并实行，应该就可与当地的员工们毫无摩擦地顺利开展工作。但说起来容易，要理解第一层楼中的"不可改变"事项，就得花上很长时间，即使经过多年仍懵懂不明的，也大有人在。然而，这仍然非常重要。

前文提过，以丰田生产方式的观念开展流动化，现有的制度可能会无法让现场营运顺利开展，因此必须改变制度。但如果草率出手，却又可能正好踩到一楼的痛处。

举例来说，如果将原本三人分别批量生产出的制品论件计酬制度，转换成三人编制的生产线，原本取决于个人产值表现薪资制度，生产线化之后，薪资制度也会随之更动。因为如果维持原来的薪资制度，作业员将不会认同这样的改善，因此要尽快决定应如何改定薪资制度。新的做法是否适用于该国的法律制度，必须询问专家的意见。而即使解决了，作业员能否够接受，又是另一个层次的问题。诸如此类未曾经历的挑战，会接踵而来。

这点难度十分高，即使是常驻当地的人也很难做出正确判断。一开始不要以事必躬亲的方式执行，会较为安全。比较好的办法是，可以挑选几名当地候补管理者作为专案人员，在需要的时候将他们集合起来，说明你的目的，并让他们去规划、评估有哪些方法能够达成该目的，再由这些干部向当地作业人员说明，使其能够理解。

对这新成立的总经理室，只须传达重要方案的目的，细节就交给当地人员来负责，这么一来，就不会被认为"这个日本人明明什么都不懂，还强迫我们接受那些无视我们的制度"，渐渐也就能制定出适合当地的制度。

如果是从当地子公司的创立阶段就开始了赴任，那么值得注意和努力之处当然会有不同。但如果子公司已成立数年或数十年之久，而你即将成为该海外据点的经营者，就必须了解到，设立时该国的背景与经济情况，和现在已有很大的变化，而制度已不符合当前的经济状况。

特别是薪资制度、调薪制度、晋升制度，乃至退休制度等，这些都是企业的主干，一定要根据现状做出适当改变！赴任的经营者当然必须面对这些事情，因此请充分和总经理室的专案人员交换意见，共同解决问题。绝对不要将问题拖延、放任不管，要立刻处理，问题越拖可能越棘手，导致最终无法解决。关于这点，日本企业在当地的子公司有许多值得借鉴的例子。

虽然是老生常谈，但你认为复杂的问题，其实可能意外地容易解决，反倒是原本认为简单的问题，却衍生出更多困难的状况。请不要犹豫，充分与当地专案人员讨论，确认是三层楼房中的一楼还是三楼的问题后，再进行改定、改善与改革。

3 培养能说"对不起"的职场文化

除日本外，应该没有其他国家，一旦失败就诚实地说出"这是我的责任，非常抱歉"。有很长时间，很多国家都采取对劳动者不利的雇佣制度，因为犯下错误就会被解雇，所以无论是自己还是同事的失误，劳动者当然都不愿意说出来。即使是现在，情况也没有多大改善。日本人认为道歉是一种美德，而其他国家并不存在这种想法。

换句话说，丰田生产方式就是"对异常的管理"，因为不可能推测发生错误的原因，就能根据推测找出对策，所以如果不能勇于承认错误、不让情况恶化，这种文化将无法深植于现场！

在一般的日系企业，要是失败了，"道歉就能被原谅"（目前应该还是如此），但应该还是有管理者把失误列入考评。再者，周围的人会认为，"明明犯了这么严重的错误，道歉了就不会被苛责"，这样会无法维持公司内的秩序，并使大家产生怀疑的态度，造成公司全体的不信任、加深鸿沟，公司运营也会面临困境。

因此要培养"能说出对不起的文化"，其实是非常困难的。然而如果道歉之后，却不调查、不追究原因、不加以改正，放着问题不管，也会让人觉得很疑惑。

但反过来说，即使不说"对不起"，能够发现原因然后展开对策，一样也可以达到目的。所以我认为一旦出了问题，也可以不用低头认错，比较好的做法是教导他"预防同样的问题再次发生"（再发防止），让员工不会重蹈覆辙。

可是"再发防止"一词除了日本外，并不常使用。在海外，作业者的工作、督导者的工作、职员的工作，通常都有所界定，发生不良的时候，因为事前已决定了由哪些人员处置，所以依照标准书加以修正完成即可。

虽然培养"再发防止"的观念并不简单，但远比"说出对不起"容易让人接受与实践。刚开始有个不错的方法，可以在每周集合管理者听取业务报告时，对仔细调查问题发生原因并报告"再发防止"的管理者，表达感谢之意："非常感谢，调查得很仔细，连再发防止都做出来了。"

因此，请从"再发防止"连结到"对不起"。

4 以丰田生产方式作为经营的支柱

有新的总经理要上任之时，经营干部及员工们一定会在心里嘀咕："是个什么样的人？真希望来的是个好人啊！"大家都会抱着这样的期待和好奇心，同时也会带点不安的心情。

因此请尽早对经营干部与管理者们清楚地宣示"以丰田生产方式作为经营的支柱"，把总经理的干劲、热情和决心，在员工面前展现出来。

很多国家都出版了不少有关丰田生产方式的书，而制造业人员读过的丰田相关著作，可能比日本人还要多，另外也有不少企业接受过外部顾问的咨询指导。

但是即使读了书，因为书上的内容涵盖广泛，再加上难以了解，所以无法真正体会。除此之外，虽然接受了外部顾问的指导，却因为生产系统大相径庭，或者指导时无法配合企业情况因材施教，而总是无法立竿见影。

曾有当地的经营者对我说："我读了许多有关丰田生产方式的书，也接受了专家的指导，却还是无法改善。客人下了订单都会要求尽早交货，而我们接受订单后就得赶紧采购，只要材料和资材一到齐就马上开始生产。为了来得及交货，我们赶得筋疲力竭，但对于平准化、一个一个地流动、Takt Time 等，仍然完全无法理解。"

还有一个地方被大家严重误解，事实上大多数人仍然认为，丰田生产方式只是现场的活动，即使是在日本，也有为数不少的经营者、管理者抱有这种想法。由于听到总经理要以丰田生产方式作为经营的支柱，经营干部及管理者可能会误以为，总经理只想把全部力气投注在工厂现场，所以在工厂外，对设计部门及事务管理部门，也必须表达同样的观念，并当场举例子让大家明白你的想法。

为什么会变成只是现场的活动？我认为可能是因为指导丰田生产方式的人，大多数只是一知半解，而且经验不足。他们认为，丰田生产方式的入门是从 2S 开始，彻底执行现场的清洁和清扫，于是先要求现场每天重复做 2S，之后再教导动作分析、标准作业的做法和写法。将在美国恶名昭彰的泰勒分析、有效率活用手足动作，以便让周期时间接近 Takt Time 的改善，说成丰田生产方式，使人误认为它不过是现场的效率改善。

至于书里提到的平准化、Takt Time、由后工程领取等基本事项，则很少从老师的口中听到，因此可能会让人误以为"已经学好了"。

特别是对指导有所期待的经营者们，也误以为丰田生产方式只适用于汽车产业。即使到今天，依然有很多人对此存有误解。

要让大家理解这不只是制造部门的活动，而是要全公司一起推动，举例说明会比较有效果。比如，可以说每月的公司决算要经历庞大工时和天数才能完成，这样就很容易让人了解。

因为月次结算和所有部门都有关系，如果能缩短前置时间，就能大大降低工时。各位可以举例说，如果公司原本必须花费三周才能完成结算，只要能缩短前置时间，要求大家在关账后隔日交出决算数字，不但可活用最原汁原味的数字进行改善，还可产生许多好处。

看到关账三周后才整理出来的数字，当月也只剩下一周，所以该数字反映出来的问题，其实只能当成下个月的问题，也就是耽误了整整一个月。再者，如果以这个报告来进行成本会议、讨论问题原因，简直就像在给高薪的管理者们休息时间，因为报告者完全无法追究一个月前不良率的变化原因。但什么都不说明的话，又会被人质疑未对变化采取行动，而只会用设备故障等借口来搪塞，结果变成你一言我一语，浪费了宝贵的时间。

这样的做事方法，简单就是白费工夫，请活用最新的数字并对症下药。同时要强调，如果不这样做，将无法跟上当今时代的变化速度。

在设计或生产技术方面，因为已经设定了新产品的导入日程，为配合该日程，必须安排接下来的开展计划，并算出所需工时（资源）。工时不足时，设计部门会要求人事部门提供人力资源，以资因应。管理者的工作就是促进流动，设计也是相同的道理。管理者的工作是要思考如何让部下的工作更容易，从而即使不补充人员，也能改善工时的不足。

这时的目标是"用流动化来缩短前置时间"，事务部门和技术部门也都应致力于此，这样才能说公司是上下团结一心，实现了以丰田生产方式作为经营的支柱。与此同时，要促使供货商也一起开展，这样彼此的联系网络会非常畅通，如此的用心会瞬间就在供货商之间流传开来。

5 在公司内外推动丰田生产方式

首先要从整备公司内的"丰田生产方式推进组织"开始。但这并不是要指定专任人员，而是要将全体管理者以上的人员，都纳为成员，并说明"物的四种状态"，然后从减少停滞开始。指定示范生产线去开展时，也请从构筑"流动化"生产线着手。我认为，减少停滞并不会接触到三层楼房中的一楼（但请不要触及论件计酬等赋予工作的方式）。务必建立现场的店面，完成用看板来抑制生产过多的机制。

这种方法和大野先生在现场所采用的一样。询问督导者需要多少完成品库存，然后只发行他要求的看板数量，让督导者安心。即使他所说的必要库存量过多，也不用予以责难。

让督导者安心，并建议："从现在开始，请思考停滞的原因及对策，一点一点地减少这完成品的库存。现在这里的完成品，就是你的生产线实力，请以你的能力和技能来提升实力，以减少库存。"这样督导者就能感受到很大的激励，从而开始进行改善。接着总经理只要经常关心店面的状况，并记得在库存降低时加以称赞，如果库存增加则要了解原因，并请部下继续加油。

因为海外子公司在现场整备出了这样的提示你要注意、关心的机制，所以能广泛传达出总经理要和员工们一起努力、改进生产线的想法，这样不只能和现场保持良好关系，员工们也会乐于进行改善。

在此之后，因为也要指导供货商开展丰田生产方式，所以必须做出能让他们亲眼看到的生产线，也就是示范线。

如果没有呈现出在该国前所未见的生产线，供货商即使看了也不会有感动。因此，请让驻当地的生产技术者协助调查，构建出优秀的示范线，当然最好是由后工程来领取的生产线。如果是组装线，则最好是一个一个流动的 SPS（配套供应），其至是以便宜设备构成的"一个流的专用线"。

6 从当地管理者中，选任供货商的指导者

接下来是供货商的改善。为了让所有供货商都能接受一致的指导，要从当地的管理者中，选出一人来指导供货商。

日本供货商已在海外当地设厂，因此经常可见由日本供货商在当地的子公司来供应零件。这样的情况下，各位也许会认为日本人比较了解该厂商，应该由日本人担任指导者比较适合。但从中长期的角度来看，由当地人担任指导者比较能得到良好的结果，因为并非所有日本人都被教授过正确的知识。

诚如大家所知，指导丰田生产方式的老师在日本不胜枚举，在必须尽快呈现成果的前提下，有许多人学习到的是，表面上像丰田生产方式的方法。被那样教导出来的日本人，如今要教导别人，可能会在不知不觉中误导了他人。

最好让当地的管理者，教导对丰田方式还是一张白纸的供货商。由于他们完全没有被当地管理者指导的经验，所以随时都会以遵守规范为重点，因此换成当地人比较好。比起指导经验不足的日本人，重视规范、从零做起的方法，才能锻炼供货

商的实力。对部下而言，能为供货商担任指导者，也会是难得的经验，能使他们进一步成长。

请教导要担任指导者的人员，不能采取光追求效率的方法。这个守则在指导公司内的管理者时，也要时常放在心上，然而指导供货商时还须注意这一点。指导供货商并不是为了追求短期利益，逼迫他们降低成本，而是要以长远的目光，帮助他们得到真正的成长。导入短期效益优先的方法，可能反而让供货商受到伤害。

选择指导供货商的人员时，重要的是优先从对这方面有兴趣、深入思考、认真行动、愿意推进改善的管理者中选择。当然，如果平时不仔细观察，就无法选出合适的人。

可能的话，能说日语的管理者是最合适的。一般来说，可以指导、理解丰田生产方式的人，某种程度上懂日语。但因如今丰田方式已在世界各地推广，因此虽不懂日语但了解丰田方式的人，也大有人在。请尽量让这些指导者学习日语，因为他们日后会成为你的左右手。并且，要把他们想象成极具潜力、将来可能成为工厂经营者的人。

只让一人专任的理由是，如果有多位指导者，指导内容通常会有不同，而招致混乱。如果由一人专任，则只需要在经营者去供货商处的时候加以修正，这样可以把供货商的混乱情况降至最低。最初培养的那一位，未来也会培育出许多部下。

目前在日本，还存在让人能安心"培育部下"的环境。这个能让人安心的制度，是源于日本独特的雇用习惯"终身雇用""年功序列""公司内工会"，还有"公司内晋升"，因此不会有被指导者的职位反而超越指导者的情形，这就是"安心"的源头。在日本，基本上不用担心"如果传授知识给部下，他们不就会因晋升而超越我吗？"。在海外如果无法建立这样的"雇用习惯"，就无法让"培育部下"成为重要的观念。因此必须时常加以注意，绝对不能让原本的专任者和接受指导者，发生职位逆转的现象。

前一章提过，如果无法培养出督导者，使其成为管理者推进业务的左右手，并在异常发生时能代替管理者处理，丰田生产方式就无法持续开展。换句话说，"培育部下"是丰田生产方式中不可或缺的要素。

因此，希望各位除了指导供货商外，也能多留心公司内部的人事升迁，别忘记要维持师父与弟子的关系。当然，这牵涉到当地人对于这样的日本文化能接受到什么程度。另外，也请各位好好观察，这问题是属于三层楼房中的第几层。

还有一点必须注意，一旦被周围的人知道"他是有能力的人"，这些好不容易花时间栽培出来的人才，很有可能被别人抢走。因此，人才如果真的有潜力成为领导者，就必须给予相应的职位，但这也并非绝对有效。有时你对某个人有很高的期待、信赖，并赋予要职，结果他还是离职了。如果碰到这种情况，就心怀雅量，大方欢送他吧！

7　向供货商推行丰田生产方式

指导供货商丰田生产方式，目的是要确认：一、经营者对制造的态度；二、制造的水平达到什么程度；三、是否达到可以安心交货的程度；四、虽说支援是为让供货商能够持续保有竞争力，但如果只在现场观看、询问几个问题，很难把握前述三项的水平。

因此在指导供货商时，首先要请他们选定示范线，接着让他们简报示范线的活动状况。简报可以真实表现出他们的思考方式、针对问题点的把握情形，以及对流动化的理解程度。因此不可光听报告，也要到现场观察，确认示范线的改善状况，管理者、技术员的生产技术等水平。这些事情只要到现场一看，就能清楚明白。在第二章经营者的职责中说明过，如果你在心里对"物的四种状态"有个轮廓，那么到现场观察的时候，就不会被华丽的发表会欺骗了。

改善的出发点是，正确把握供货商现在的水平。只有配合其水平给予指导，才能真正有效果。希望能教导指导者，不要不考虑对方的实力，而将方法一味地强加给供货商。

如前所述，许多工厂管理者认为丰田生产方式始于2S，但请一定要先教导下列五个项目：

1. 大野先生的教诲
2. 经营者、管理督导者的职责
3. 丰田生产方式的管理
4. 物的四种状态
5. 后工程领取、补充方式

一开始就要集合所有的经营者、管理者，确切地教导以上五个项目。

当然，人即使听了也会随即忘记。真的懂了吗？理解程度会因听者而异，为了让人深入理解，接着要通过实践进行指导。因为一开始就对全员说明过了，通过在日常活动中的实践，他们应该能理解，与经营息息相关的丰田生产方式的要义。

8 经营者一年应指导访问供货商三次以上

指导供货商的专任者负责辅导数家厂商，以一周一次的频率访问各家公司，了解问题点及不清楚的地方。之后回公司向经营者汇报，并接受经营者的教导，再到各家供货商访问。

为了确认各供货商的进行状况，经营者应该每两个月进行一次访问，专任者也一起指导进行了改善的生产线。当买方的经营者（也就是你）很热心地定期访问，供货商的经营者也会想着要"提升改善的速度""下次要让你们看这个、看那个"，激发出有积极性的改善，也因此乐于改善。

但遗憾的是，现实中还是有许多供货商，对于买方经营者的来访持负面态度，消极应对。但促使他们能积极向前、乐于改善，增加改善的体验，正是你的职责所在。

经营者访问供货商的另一个目的是，站在供应的立场确认自家公司的做法。对供货商指导了些什么？买卖双方的关系，就如同纵向组织中，总公司与分公司的关系，是否重复要求了几乎同样的事情，感官检查或目视检查是否过于严苛，交货作业的效率是否良好等。总之就是要确认是否只为了自家公司的方便，导致整体成本上升，却置之不理。

回到公司后，让各负责部门进行检讨，就可以使被注意到的部门自发地去供货商那里，改善自己的不适当之处。这也是你重要的职责。

如此与供货商一起解决困扰他们的问题，供货商即使原本是因为你提出要求，才勉强凑合进行改善活动，也会完全改观，变得积极起来，经常找专任者商量以进行改善，也会期盼经营者的巡回访问早日来到。

从供货商的角度观察自家公司，将比在公司内观察，更能掌握公司的实态。

9 工厂可由厂长以下的所有当地管理、督导者营运

这点对于在当地设厂只有数年的日本企业而言，或许有些困难，但在此建议，对于导入丰田生产方式十年以上，且已经步入正轨者，厂长以下的制造管理者，可以皆由当地人来担任。

欧美企业的当地子公司中，几乎没有管理者由当地人从内部晋升，大多从公司外部空降而来。一般员工如果要加薪或升迁，大概只能跳槽到别家公司才有机会。欧美资本企业在日本的法人，做法也大概相同。这在日本以外的国家也许是主流，但日本企业绝对不能效仿。

将话题拉回到将公司的管理者当地化这件事。制造业中，日本的外派人员不仅要做当地的工作，还要做与日本总公司有关的业务，公司经常会要求调查、报告、提案、委托等，光是处理这些事就要花费很多时间。因此即使当地的人提出改善方案，日本管理者有时也无法马上付诸实施。久而久之，容易造成与当地员工间关系不和谐，成为建立良好关系的障碍。

如果要让当地人能负起责任，并进一步感受到改善成果带来的成就感，最有效的方法就是，厂长以下的管理职务皆由当地员工担任。

这时，可将原本担任制造管理者的日本外派人员，调至生产技术部门，角色转换为跟进制造部门所实施的改善即可。当认为改善有所不足时，对制造部门的人员加以说明，借由他们之手进一步改善。

这么一来，说不定还能发掘出他们潜在的改善能力。如果每件事情都告诉他们要这么做、那么做，反而让他们没有成就感。为让他们有成就感，就要放手让他们去做。

这对工厂的营运也会有所帮助。如果由当地人担任厂长，而管理者也都是当地人，他们会认为："绝对不能让厂长没面子，不能让工厂的绩效不佳，大家一起努力做更多的改善吧！"当全体员工团结一致，就会一个职场接一个职场地推进改善。

日本外派人员与当地员工之间的关系，大多也会因部门的调整而变好。虽然不再是直接的上司与部下，但当地管理者大多仍会认为，最好先与日本外派人员商量一下比较放心。而且在没有上司下属的关系之后，对话内容往往能比以往更加诚实，建立更加良好的关系。

总之，我们必须让他们自己想办法。因此当他们来商量的时候，只要保持关心，在必要时出手就好了。

虽然逐渐放手，但也不见得能顺利进行。要特别留意的是，你现在并不是身处过去在日本的制造现场，现场的事物并不会说话，因此千万不能不知道现场发生什么事，甚至有异常时也不知道。要经常思考"授权委任""培育可以委以大任的厂长、管理者"，然后"将异常共享化"，以维持工厂营运的体制，并牢记必须进一步改善。

10 以日语为公司的共通语言

除此之外，还有一项做法可以让当地化进行得更顺利。因为是日系企业，不论是改善信息还是设计信息、生产技术信息、财务、总务、生产管理等，几乎所有信息都是用总公司所使用的日语。

没错，以日语为海外子公司的共通语言，才能顺利开展当地化。

这样不但可以减少让人十分头疼的外派人员费用，更可以增加当地人去日本出差的机会，亲眼见识、了解日本的现场，对改善的推进也会有很大帮助。

丰田生产方式中富有日本文化，如之前所述的，以雇用习惯为基础、培育部下、团队合作、对不起的谦虚心态等，如果不用日语，就无法完全表现出语言中的真正含义，所以让当地人学习日语，可以说非常重要。

日本人外派的任期最多六年，接下来又是由对当地语言一窍不通的新人接任。而在此期间，当地并不会有任何改变。此外，如果将当地语言翻译成英语后再翻成日语，一来一往总会发生语意不达的情况，结果徒有日本人在，却大多依照当地的方式进行。

当地人如果能说日语，不只能维持、改善丰田生产方式，当地企业也能更好地发展。

11 成为被信赖的经营者
——尊重对方，你也会深得信赖

虽然丰田生产方式的内容，有很多经过说明后就可以了解，但因为做法与过去大不相同，所以有些人会先产生排斥心理，再加上认为不好做、不太了解，以致能全面协作的人并不多。所以在日本就有"先做做看，做了就知道"的做法，很多都是因为没有说清楚就开始做，结果变成这样，好像也是理所当然。

实际上，很少有人能听完说明后就深入了解，而当员工请说明者再详细说明时，说明者补充的也都是实际工作中体验到的感想。虽然亲身体验也富含了深刻意义，但光是这样，还是无法将更深入的意图传达给对方。结果变成了"总之，你先做做看"。

但这样的做法在海外是行不通的，也无法获得对方的信赖，甚至可能让对方误解，认为提出问题也没用，反而招致反感。但是如果条理清楚地说明，却被认为"那个人的说明，真让人招架不住，总是问：'请这样做，为什么不这样做？'自以为头

脑很好，把我们当傻瓜，一点都不厚道"。如果这样，同样无法
顺利开展。

- 为什么不能"集合起来一起制造，一起搬运"？
- 因为担心设备故障所以准备库存，不就可以让后工程的
生产线不必停线了吗？
- 为什么不能坐着工作？这样不是比较不会疲累吗？
- 为什么要一个一个地制造？

要怎么说明，才能让对方明白上述事项？光是在现场指示：
"把这个变成这样！"也许形式上可以，却不太可能让现场的人
深入了解。

所以首先要成立"导入丰田生产方式委员会"，由当地的经
营者、管理者、日本外派员组成。开始时是最重要的时期，必
须对委员会的成员讲授丰田生产方式。将丰田生产方式的讲义
发给参加人员，并明确告知"这就是基本内容"，利用讲座进行
教育。一边引用具体事例，一边说明和以往做法的不同之处、
要改成什么方法、为什么要这样做等。

第二章的"物的四种状态"是对物的基本看法，也很容易
读懂，建议各位可以从这里开始教起。要消除停滞，怎么做比

较好？从对方的提问中，顺势诱导具体的方法，是很重要的。

说明了基本的进行方式之后，接着请依下列顺序说明："首先，作业是要能做到每做一个，就用手送出一个的程度。""做好的制品一箱一箱依照产品编号放好。"此外，也要让管理者自己为部下准备具体的说明资料，各部门也要分别召开说明会。

说明会中的提问可以不用马上回答，可带回委员会整理后做成问答集。对于大家认为不安的、有疑问的地方，以及日后可能会引起的问题等，管理者必须有共同想法与回答。遇到自己无法回答的问题，就带回委员会研究，这就是所谓的缓慢但稳步。

在委员会中的问答时间，各位也不用急着回答，因为操之过急就会直接讲出答案，这样是不行的。以在日本的方式回答，可能也不太妥当。最好让当地人来回答，当答案与自己的有所不同，就要问出为何会有不同，说不定可借此看出当地人想法与日本人想法的差异之处，并让你了解到该内容是属于三层楼房中的哪一层。

绝对不能说："你目前为止所做的都没有用，那不是工作，纯粹是没有附加价值的动作而已。"这么一说会让对方以为自己目前为止所做的事毫无意义。即使是平常认为理所当然的事，对初次听闻的人来说，没有说明到让他完全明白的话，他也不会真正付诸行动。

为了能确切地说明，各位自己在日本总公司时，就要开始自问自答，并想想自己能否接受。也可请教周围人的意见，说不定会遇见能妥善说明的前辈或益友，因为总会有人深入思考过事物的道理。寻找可以信赖的良师益友吧！

此外，平时要养成习惯，对任何事情、工作环境中发生的事情，不断问"为什么？为什么？"。

即使反复说明了很多次，但把日语翻译成当地的语言时，有时也会不知所云。因此最有效的说法就是："因为实力够了，所以能一个一个流动地生产。""因为有了实力，所以无须再集合起来一起做了。""一起努力通过改善来减少半成品，让公司获更多利吧！"

这也就是在评价当地员工迄今为止所做的努力，并让今后培育出来的员工，能够想象他们未来的灿烂前景。

虽然前面曾提到要把原本坐着的作业改成站立作业，但不论如何说明，都很难让当事人理解。所以一开始绝对不要触及这样的事情，因为无理地强制他们去做，只会招致不信任感。站立作业是希望能实施多工程作业，大家能相互协助，但也不要因此造成当事者不愿进一步改善。或者即使真的做了，也只是带着抱怨在做。

因此要先从容易进行的部分入手，当周围的人意识和行动都改变后，他们会感受到："如果不做流动作业，大家可能都不想与我们一起共事了。"这样一来，不论是站立作业还是多工程作业，都能逐渐被推动起来。让时间来解决，也是常有的事。

对于所有的提问都要仔细回答，不限于丰田生产方式，因为他们可能是代表大家来提问的。不论什么问题，一定要解释到让他们回去后可以向大家说明的程度。特别是来自工会干部的提问，往往也是许多员工的疑问，所以必须让他们回到工会后，能够向大家详细说明。

如果对提问者背后代表的人们，也都能清楚明白地加以说明，而不只是对提出问题的人，那么久而久之，员工就会认为自己受到尊重，从而转变成对你的信赖。不尊重对方，对方就不会产生对你的信赖。

因此对于各种提问，请务必仔细、详尽地说明。

这正是创造"人和"的绝佳机会。

以上是我认为在海外开展丰田生产方式时，须特别留意的焦点与精髓。

后记

献给为了构建出精湛制造系统，欲导入丰田生产方式的经营者

我进入丰田汽车公司以来，历任总公司工厂工务部长、丰田汽车台湾子公司国瑞汽车的董事及总经理，之后在日本中央发条公司担任社长直至退休。四十二年间，一直忠实跟随大野先生的教诲，并在最后十年中，以丰田生产方式作为公司的经营支柱，对员工乃至相关的供货商，支援并传授丰田生产方式的好处，说明能感受到工作价值的机制。虽然个人的力量很微薄，幸而丰田生产方式发挥了强大的力量，让我度过了没有留下缺憾的职业生涯。对于大野先生及诸位前辈、学长的亲切教导，以及相关人员的支持，谨由衷表达感谢之意。

为了把这么好的丰田生产方式让更多人知晓，让大家知道原来制造是如此有趣，并希望让更多员工带着微笑感受到工作价值，我决心出版这本书。

希望本书能让今后想要导入的经营者们了解，如何让员工

充分发挥其能力，创造出更多成果，以度过这个严峻的时代，并迎接新时代。在此特将导入丰田生产方式的有效方法，于"后记"详加说明。

在导入丰田生产方式之际，切记要花时间，相关者要详细讨论，同时一定要思考各自的职责、决定担当人员，以便能相互合作，让大家以相同的步调向前迈进。

也许大家都会急着要马上获取成果，但开展丰田生产方式时就要认知，有时必须先改变自身的企业文化。然而企业文化毕竟是由诸位前辈及诸位本身，经年累月逐渐塑造而成的，所以首先希望各位不要操之过急。

短时间内可能在表面上塑造成形，但外表上的塑形无法持久，如同组织一样。所谓组织，包括机构、制度，以及维持、营运它的经营者与管理者。同样，构筑丰田生产方式的机构（生产线、系统）时，也需要构建维持该生产线和系统的规则（制度）。

因管理者不同，导入新方法时，有的现场能够营运良好，有的现场因理解不足而营运不佳。每当相关人员看到各处破绽百出，疑惑"这种做法真的没问题吗"的时候，旧文化就会再度抬头，而好不容易开始的新尝试，最终也将以失败收场。

因此我在一开始时提到"相互合作，让大家以相同的步调向前迈进"，就是这个意思。这是非同小可的大事业，要把自身企业文化做一番彻底改变，因此我建议一定要使经营者、管理者以及员工们，团结一致地向前进。

为此，请各位一定要身先士卒，我认为这是能否成功的最优先前提。大野先生刚开始做的时候，连到底要做什么、大家已经做到什么程度、目标在哪里，都完全不清楚。但如今大家并非毫无头绪，当初困扰他们的事，现在可以说几乎没有了。大家都知道会产生什么样的效果，也都能加以说明了。

遇到不知该如何是好时，一定要由管理者以上的人员进行讨论，找出前进的道路，并再试试看。试过之后，再互相讨论；思考之后，再试试看。现在也有许多书籍探讨如何实践丰田生产方式，大家可以加以参考并活用。虽然有可能产生试行错误的情况，但我相信仍然可以蓄积大家的制造能力，进而成为公司的资产。也希望各位能多多利用这样的机会，对管理者以下的督导者、作业员们说明，并请他们做出成果。无论如何，这毕竟是为了自己的公司，希望大家一定要扎实推进。

首先请从"物的四种状态"着手，研究这个东西为什么必要、为什么需要这半成品或库存，以便减少停滞。如果设备经常有故障，就要修理设备以减少停机。如果质量不稳定，仍得维修设备，并稳定人员的作业，以减少质量的变化。如果是因为担心缺料而囤积许多库存，那就先与督导人员讨论，并决定应该保有多少库存才能安心，之后随着实力的提升，再逐渐减少库存。

最重要的是遵守规则。随着上述事项的实行，停滞将逐渐减少，而能构建出流动的系统。也就是说，从减少工程内与工程间的库存着手。

一旦减少了停滞，在发生不良情况时，发现问题的时间及影响时间，都会变得比以前更快、更早，这可以说是第一个成果。在第三章"管理者要构建有利于推动'物的流动化'的环境"中所写的，就是这个意思。虽然加速了公司内部所有作业的速度，但不可因此搅乱了生产的节奏。

导入丰田生产方式，并不是为了把生产线停止，而是要配合实力持有相应的库存，再进行改善，并随着实力的增强，相应地减少库存。同时请各位对大家的努力给予评价及激励，构建出可以对应流动化的生产线。

在进行改善活动时，必须有弹性的思考力、确切的执行力，看到完成改善的员工的笑容。员工被强迫去做的话，只会有叹息，绝对不会有笑容。我重复说过多次，改善是快乐的，如果不能让人感受到工作的价值，改善将无法持久。因此希望大家能团结一心，看到有落后的地方，伸出手来相互扶持，让全员都能感受到改变的喜悦。

我总会把推动流动化当成第一步，由此来开始活动。

开展"流动化"以后，生产技术部门也会开始提供协助，现场会变得有活力，改善的提案也会增多。伙伴变多是件非常好的事，最后必然会成为全公司的活动，连设计部门也都一起加入。

当生产技术部门也一起加入活动，并做出一个一个流动的生产线时，接着就要设置可以对应由后工程领取的完成品店面。紧接着，开始由后工程领取。至此，生产系统与以往完全不同，完成了由后工程传送生产信息的生产系统。等待良久的隧道，终于开通了。

丰田生产方式的活动，大多从4S（整理、整顿、清扫、清洁）着手。

但如果依据这里所写的步骤开始进行，你会很不可思议地发觉，工厂变得整洁了，员工们的心境也起了变化，我想这是因为大家在不知不觉中，都有把公司变得更好的想法了。

期待大家务必学会重视员工的自然、自发的思想，成就笑容不断的改善活动，促成使企业真正永续成长的方法。

最后，值此新书付梓之际，谨对为本书出版提供协助的人，致上最诚挚的感谢之意。

标杆精益作为中国最大的精益管理传播平台，与东方出版社合作多年，是东方出版社"精益制造"丛书的最大推广渠道。

《流的传承》一书的出版，离不开标杆精益初期的极力推荐，后期对来自中国台湾、日本的相关资源的大量协调工作。虽然历经周折，但一本经典好书终于在中国大陆面市了。

标杆精益®
BENCHMARK LEAN

微信扫描关注

《流的传承》一书将通过标杆精益旗下的精益公益组织"益友会"举行线上线下学习交流活动。届时将有译者及专家对本书进行深度解读。关注标杆精益，回复：加入益友会。

我们有偿征集深度解读本书的读者评论。详情关注标杆精益，回复：流的传承。

凡是购买本书的读者均可以相当于本书定价 10 倍的金额抵扣标杆精益线下课程费用，以相当于本书定价的金额抵扣标杆精益云平台线上学习费用。详情关注标杆精益。

欢迎扫描以下二维码进入标杆精益书店，东方出版社精益制造系列书籍全网最低价。

更多详情咨询马老师：13923223020（微信同号）

"精益制造" 专家委员会

东方出版社

广州标杆精益企业管理有限公司

标杆精益®
BENCHMARK LEAN

人民东方出版传媒
People's Oriental Publishing & Media
东方出版社
The Oriental Press

东方出版社助力中国制造业升级

定价: 28.00 元

定价: 32.00 元

定价: 32.00 元

定价: 32.00 元

定价: 32.00 元

定价: 32.00 元

定价: 30.00 元

定价: 30.00 元

定价: 32.00 元

定价: 28.00 元

定价: 28.00 元

定价: 36.00 元

定价: 30.00 元

定价: 32.00 元

定价: 32.00 元

定价: 32.00 元

定价: 38.00 元

定价: 26.00 元

定价: 36.00 元

定价: 22.00 元

定价：32.00 元

定价：36.00 元

定价：36.00 元

定价：36.00 元

定价：38.00 元

定价：28.00 元

定价：38.00 元

定价：36.00 元

定价：38.00 元

定价：36.00 元

定价：36.00 元

定价：46.00 元

定价：38.00 元

定价：42.00 元

定价：49.80 元

定价：38.00 元

定价：38.00 元

定价：38.00 元

定价：45.00 元

定价：52.00 元

定价: 42.00 元

定价: 42.00 元

定价: 48.00 元

定价: 58.00 元

定价: 48.00 元

定价: 58.00 元

定价: 58.00 元

定价: 42.00 元

图字：01-2017-9075 号

MONO NO NAGARE O TSUKURU HITO

Copyright © 2013 Takehiko Harada

Chinese translation rights in simplified characters arranged with

THE NIKKAN KOGYO SHIMBUN, LTD. through Japan UNI Agency, Inc., Tokyo

中文简体字版专有权属东方出版社

图书在版编目（CIP）数据

流的传承：嫡传于丰田：大野耐一／（日）原田武彦 著；李朝森 等译. —北京：东方出版社，2018.2
（精益制造；050）
ISBN 978-7-5207-0055-9

Ⅰ.①流… Ⅱ.①原… ②李… Ⅲ.①丰田汽车公司—工业企业管理—经验
Ⅳ.①F431.364

中国版本图书馆 CIP 数据核字（2017）第 313200 号

精益制造050：流的传承：嫡传于丰田 大野耐一
（JINGYI ZHIZAO 050：LIU DE CHUANCHENG：DICHUAN YU FENGTIAN DAYENAIYI）

作　　者：	［日］原田武彦
译　　者：	李朝森　李清松　李兆华　卢璟玲
责任编辑：	崔雁行　高琛倩
出　　版：	东方出版社
发　　行：	人民东方出版传媒有限公司
地　　址：	北京市东城区东四十条 113 号
邮　　编：	100007
印　　刷：	三河市中晟雅豪印务有限公司
版　　次：	2018 年 2 月第 1 版
印　　次：	2018 年 2 月第 1 次印刷
开　　本：	880 毫米×1230 毫米　1/32
印　　张：	7.125
字　　数：	114 千字
书　　号：	ISBN 978-7-5207-0055-9
定　　价：	58.00 元

发行电话：(010) 85924663　85924644　85924641